의역 금강반야바라밀경

깨달음의 실천 레시피
의역 금강경

초판 1쇄 인쇄	2023년 8월 02일
초판 1쇄 발행	2023년 8월 18일

신고번호	제313-2010-376호
등록번호	105-91-58839

역해	고닐스님
발행처	보민출판사
발행인	김국환
기획	김선희
편집	이상문
디자인	김민정

주소	경기도 파주시 해올로 11, 우미린더퍼스트@ 상가 2동 109호
전화	070-8615-7449
사이트	www.bominbook.com

ISBN	979-11-6957-061-9 03220

- 가격은 뒤표지에 있으며, 파본은 구입하신 서점에서 교환해드립니다.
- 이 책은 저작권법에 의하여 보호를 받는 저작물이므로 무단 전재와 복사를 금합니다.

의역 금강경

깨달음의 실천 레시피

반야바라밀

고닐 역해

당신의 기도는
이미 시작되었습니다.
당신의 기도는
이미 성취되었습니다.

깨달음의 실천 레시피 《금강경》

금강경! 금강경은 붓다가 6년간의 설산수행을 끝내고 마침내 보리수 아래에서 성스러운 진리를 깨달아_{아누다라삼먁삼보리} 세상의 모든 괴로움_苦에서 벗어나 불행 끝, 행복 시작을 선언하는 깨달음의 실천 레시피이다.

웰빙과 힐링으로 표현되는 현대인들의 삶의 욕구 중엔 맛있는 음식도 한몫을 크게 담당하고 있다.

맛있는 음식엔 감동이 있다.
맛있는 음식을 먹으면, 먹는 행위로 끝나는 것이 아니라 새로운 감동을 위한 여정이 시작된다.

맛있는 음식으로 감동을 받은 이는 가장 가까운 이에게 자신이 느낀 감동을 선사하여 같은 감동을 공유하고자 한다.

이를 위한 시간과 노력, 비용은 문제가 되지 않는다.

인생이란 삶을 살아가는 우리에게도 맛있는 음식을 만드는 레시피처럼 행복한 삶을 위한 감동적인 길잡이가 있다면 얼마나 좋겠는가?

부처님께 묻는다.

"세존이시여!
행복한 삶을 살기 위해서 어떻게 살아야 하며 어떻게 이 마음을 다스려야 하는지요?"

부처님은 거듭거듭 자세하고 간절하게 설명한다.

"참 나自我가 있다고 여기며 그릇되게 규정한 아상自我과 아상自我으로 인하여 규정된 인상生命觀과 중생상과 수자상에 대한 집착이 곧 괴로움苦이니 일체의 모든 상相을 버려라! 버린다는 생각 또한 버려라!"

깨달음의 실천 레시피 금강경은 읽고 쓰기만을 위한 주술적 용도의 금강경이 아니라 부처님께 직접 질문하고 답을 듣는 담론의 형태를 빌어 탐욕과 성냄과 어리석음이 일어나는 자신의 몸과 마음을 자세하고 꼼꼼하게 살피고 관찰하여 그때그때 문제의 근원을 해결하여 지금 바로 행복함이 그 목적이다.

또한 금강경은 학문이나 이론의 개념 연구를 위한 학술서적이 아니라 맛있는 음식을 먹은 후에 느끼는 감동처럼 붓다의 몸짓과 말과 마음을 따라 배우면서 바로 내가 본래 부처였음을, 바로 내 앞의 당신이 본래 부처였음을, 바로 우리가 본래 부처였음을 일깨우고 불자들의 신행을 독려하여 복력을 증장하고 행복한 삶을 선사하기 위한 붓다의 자애로운 삶의 실천 레시피이다.

이렇게 부처님과 나누는 문답의 길을 따라 걷다 보면 나, 너, 그리고 우리는 마침내 아누다라삼먁삼보리로 나아가리라.

목 차

깨달음의 실천 레시피 의역 《금강경》 · · · · · · · · · · · · · · · 4
금강경과 내 삶의 신행 · 12
깨달음의 실천 레시피 의역 《금강경》 편집 구성 · · · · · · 14
일상에서 독송기도하는 방법 · 16

금강경 독송 입재 서원문 · 18
독송 전前 선행 의식 · 20
제1분 금강경 법회 기원정사 설법전法會因由分 · · · · · · · · · · · · · · 22
제2분 수보리존자가 가르침을 청하다善現起請分 · · · · · · · · 24
제3분 실천하는 삶이 대승보살이다大乘正宗分 · · · · · · · · · · 27
제4분 집착 없는 보시의 복덕은 헤아릴 수 없다妙行無住分 · · 29
제5분 형상有爲은 참이 아니다如理實見分 · · · · · · · · · · · · · · 31
제6분 진리를 구하는 사람은 언제나 있다正信希有分 · · · · · · 33
제7분 얻은 법도 설한 법도 없다無得無說分 · · · · · · · · · · · · 36
제8분 이 가르침이 곧 깨달음이다依法出生分 · · · · · · · · · · · 38
제9분 깨달음에는 모습이 없다一相無相分 · · · · · · · · · · · · · 40
제10분 깨달음의 세계를 꾸민다莊嚴淨土分 · · · · · · · · · · · · 44
제11분 무위의 복은 수승하다無爲福勝分 · · · · · · · · · · · · · · 47
제12분 바른 가르침이 곧 법이다尊重正敎分 · · · · · · · · · · · · 49
제13분 금강반야바라밀경이라 하라如法受持分 · · · · · · · · · · 50
제14분 상 없음이 아누다라삼먁삼보리다離相寂滅分 · · · · · · 54

제15분 금강경의 실천 공덕은 한량없다 持經功德分 ········ 61
제16분 실천하는 삶은 업장을 소멸한다 能淨業障分 ········ 64
제17분 상 없음이 참된 보살이다 究竟無我分 ··········· 67
제18분 부처님은 모든 것을 보고 있고 알고 있다 一體同觀分 ·· 73
제19분 복덕으로 교화하라 法界通化分 ············· 77
제20분 여래는 형상을 벗어났다 離色離相分 ·········· 79
제21분 설한 법이 없다 非說所說分 ··············· 81
제22분 얻은 바가 없음이 아누다라삼먁삼보리다 無法可得分 ·· 83
제23분 집착 없이 행하라 淨心行善分 ·············· 84
제24분 최고의 공덕은 전법이다 福智無比分 ········· 85
제25분 교화함도 교화할 중생도 없다 化無所化分 ········ 86
제26분 형상에 미혹하지 말라 法身非相分 ··········· 88
제27분 끊어짐도 없어짐도 없다 無斷無滅分 ·········· 90
제28분 누리지도 탐하지도 않는다 不受不貪分 ········· 92
제29분 여래는 오고 감이 없다 威儀寂靜分 ··········· 94
제30분 부분과 전체의 참 모습 一合理相分 ··········· 95
제31분 견해를 일으키지 말라 知見不生分 ··········· 98
제32분 가르침의 갈무리 應化非眞分 ············· 100

독송 후後 마무리 의식 ····················· 102
금강경 독송 회향 발원문 ··················· 104

금강경經典의 출현 배경 ···················· 108
금강경의 사상 四相 ······················ 116

금강경 사구게四句偈 ······················· 118
금강경 대의大意 ························· 120
사성제의 이해 ·························· 122
금강경 본문 - 용어 이해 ···················· 125

불경 편찬의 시기별 약식 연감 ················· 144
중국의 불교 전래 ························ 152
한국의 불교 전래와 불교사적 기록 ··············· 156

조계종 표준 한글 금강경 ···················· 162

참고 자료 ···························· 200
법공양 안내 / 법회 강좌 / 신행상담 ·············· 201

금강경과 내 삶의 신행

불교를 만난 진정한 의미는 자신도 행복하고 타인도 행복하게 하는 것이며 그 방법은 바르게 믿고信, 바르게 이해하고解, 바르게 실천하고行, 바르게 깨닫는證 것이다.

일상의 삶에서 무상無常과 고苦와 무아無我를 깊이 이해하고 탐내는 마음, 성내는 마음, 어리석은 마음삼독심을 없애며 눈, 귀, 코, 입, 몸, 마음의 대상을 통해 일어나는 생각이나 감정의 변화를 잘 살펴서삼학 모난 모습의 관념相을 모두 벗어나 지혜롭고 자비로운 불자의 삶을 실현한다.

금강경 실천 - 일일 신행 점검

* **탐진치의 점검**
- 탐욕의 점검 : 탐욕의 버림과 베풂의 실천 점검
- 성냄의 점검 : 성냄의 참회와 자비 실천 점검
- 어리석음의 점검 : 일상의 신행을 통한 불자의 삶 점검

* **아는 만큼 잘 설명한다** - 전법의 생활화

* **가진 만큼 널리 베푼다** - 법보시, 재보시,
　　　　　　　　　　　　무재오시無財五施의 생활화

* **무재오시**無財五施 재물 없이 베푸는 다섯 가지 방법
1. 화안시和眼施 : 밝은 얼굴
2. 언사시言辭施 : 격려, 위로 등 부드러운 말
3. 심시心施 : 진정성 있는 마음
4. 안시眼施 : 편안한 눈빛
5. 신시身施 : 봉사하는 삶

깨달음의 실천 레시피 의역《금강경》 편집 구성

본 의역 《금강경》 편집의 특징은 다음과 같다.

⊙ 내용은 가능한 일상의 상용 언어로 불자뿐만 아니라 불교와 금강경에 관심 있는 이라면 누구라도 '읽거나 사경하기 쉽고, 기도하기 쉽고, 이해하기 쉽게' 문맥과 가독성의 자연스러움에 초점을 두었다.

⊙ 형식에서는 금강경 독송 입재 서원문부터 마치는 금강경 독송 회향 발원문까지 기도를 위한 예경 의식을 갖추었다.

⊙ 부처님과 수보리존자가 주고받는 문답 글과 아난존자의 설명글은 글씨체로 구분하여 보고 읽는 이들이 조금 더 쉽게 이해할 수 있도록 하였다.

⊙ 총 32분의 금강경을 각 분마다 대화의 내용에 따라 구句로 구분하여 나누었다.

◉ 금강경을 처음 대하는 이거나 초보 불자의 이해를 돕기 위해 금강경經典이 출현하게 되는 배경을 108쪽에 팩션Faction으로 구성하였다.

◉ 불경 편찬의 시기별 약식 연감을 수록하여 부처님 열반 이후 2,600여 년의 장구한 시간의 흐름 속에서 상좌부의 빠알리어 경전과 대승불교의 한역 경전들이 어떻게 전승되어 왔는지 이해를 돕고자 간략하게나마 내용을 보태었다.

모쪼록 이토록 귀하고 소중한 붓다의 가르침인 금강경을 주변 사람들과 함께 읽고 쓰고 배우고 익히면서 실천하고 더불어 다른 사람들에게도 아는 만큼 잘 설명하고 가진 만큼 널리 베푸는 대승보살이 되자.

그러다 보면 무시로 아누다라삼먁삼보리로 나아가리라.

* 기도는 기도하는 목적과 기간을 정해서 하며 기도의 기간은 각자의 상황에 따라 3일, 7일, 21일, 49일, 100일 기도를 하면 된다.

* 기도는 입재시작와 회향마침을 정해서 한다.

일상에서 독송기도하는 방법

• 독송하기 전 몸과 마음을 단정히 한다.

• 봉투에 시주금을 준비한다.
  * 금액은 중요하지 않으며 기도를 마치고 사찰에 시주하거나 좋은 일에 사용한다.

• 18쪽 입재 서원문을 독송하기 전에 먼저 큰절 삼배를 한다.
  * 절하기 어려운 경우에는 합장으로 대신한다.

• 18쪽 '금강경 독송 입재 서원문'을 시작으로 본문을 독송하고 104쪽 '금강경 독송 회향 발원문'을 읽고 삼배를 하고 마친다.
  * 시간에 따라 본문(제1분~제32분)을 나누어 독송해도 된다. 금강경 독송 입재 서원문 + 독송 전 선행 의식 + 본문 나눔 + 독송 후 마무리 의식 + 금강경 독송 회향 발원문을 읽고 마친다.

• 진한 검정색 글씨는 읽고 흐린 글씨는 읽지 않는다.

금강경 독송 입재 서원문

시방 삼세 부처님과 팔만사천 큰 법보와
보살 성문 스님들께 지성귀의 하옵나니
자비하신 원력으로 굽어살펴 주옵소서.

제가 지금 금강반야바라밀경을 독송하며
진실한 마음과 정성으로 서원하옵니다.

시작 모를 옛적부터
탐내고 성내는 어리석은 성품으로
선근 공덕을 외면하고 온갖 업장을 쌓아온
과거 현재 미래를 일심으로 참회하옵니다.

바라옵건대 부처님이 이끄시고
문수 보현보살님과 관음 지장보살님이 살피셔서
육바라밀 실천하는 대승보살이 되어
삼라만상 모든 곳을 장엄하게 하옵소서.

이러한 서원 공덕으로
부모 형제를 비롯한 일가친척과
과거 현재 미래로 이어지는
인연들의 모든 소망이 성취되게 하옵소서.

선망 조상님과 유주무주의 일체 고혼들이
극락세계에 왕생하시옵고
마침내는 제불 보살님의 가피와 영험으로
아누다라삼먁삼보리를 성취하여
열반에 이르게 하여지이다.

나무석가모니불
나무석가모니불
나무시아본사 석가모니불

독송 전前 선행 의식

입과 몸과 마음을 맑히는 진언 淨三業眞言
『옴 사바바바 수다살바 달마 사바바바 수도함』 세 번

오방 내외 모든 신을 찬탄하는 진언 五方內外安慰諸神眞言
『나무 사만다 못다남
　　옴 도로도로 지미사바하』 세 번

불법을 펼치는 게송 開經偈
가장 높고 미묘하고 깊고 깊은 부처님 법
백천만겁 지나도록 만나 뵙기 어려워라.
다행히도 제가 지금 듣고 모셔 지니오니
부처님의 진실한 뜻 알게 하여 주옵소서.

참다운 법 여는 진언 開法藏眞言
『옴 아라남 아라다』 세 번

아난존자가 말씀하셨습니다.

오늘은 부처님께서 코살라국 사위성의
기수급고독원에서 설하신
금강반야바라밀 법회의 가르침을
암송하겠습니다.

나무 금강반야바라밀경
나무 금강반야바라밀경
나무 금강반야바라밀경

[본문 독송]

제1분 금강경 법회 기원정사 설법전
법회인유분 法會因由分

1-1. 如是我聞 一時佛在舍衛國祇樹給孤獨園 與大比丘衆千二百五十人俱

이와 같이 저는 들었습니다.
어느 날 부처님께서 사위성의 기수급고독원에서 천이백오십 명의 비구와 비구니 우바새 우바이와 함께 계셨습니다.

1-2. 爾時 世尊食時 着衣持鉢 入舍衛大城乞食

그때 세존께서는 공양 시간이 되자 가사를 입으시고 발우를 들고 대중과 함께 탁발을 위해 사위성으로 들어가셨습니다.

1-3. 於其城中 次第乞已 還至本處 飯食訖 收衣鉢 洗足已 敷座而坐

탁발을 마치고 기원정사로 돌아오셔서 공양을 마치신 후 가사와 발우를 바르게 정돈하여 거두고 발을 씻으신 다음 자리를 펴고 앉으셨습니다.

※ **기수급고독원** : 제따와나, 기원정사, 기타림, 서다림이라고 함

제2분 수보리존자가 가르침을 청하다
선현기청분 善現起請分

2-1. 時 長老須菩提 在大衆中 卽從座起 偏袒右肩 右膝着地 合掌 恭敬 而白佛言

그때 대중 가운데 앉아 계시던 장로 수보리존자께서 자리에서 일어나 가사를 여미며 오른쪽 어깨를 드러내고 오른쪽 무릎을 바닥에 꿇고 공손히 합장하며 부처님께 여쭈었습니다.

2-2. 希有世尊 如來善護念諸菩薩 善付囑諸菩薩

"거룩하고 자애로운 세존이시여!
여래께서는 언제나 모든 보살을 잘 보살펴 주시고 세심한 가르침으로 잘 이끌어주십니다."

2-3. 世尊 善男子善女人 發阿耨多羅三藐三菩提心 應云何住 云何降伏其心

"세존이시여! 진실한 믿음으로 부처님의 가르침을 따르고자 하는 선남자 선여인이 아누다라삼먁삼보리를 성취하고자 한다면 어떤 가르침으로 살아야 하며 어떻게 마음을 다스려야 하는 것입니까?"

2-4. 佛言 善哉善哉 須菩提 如汝所說 如來 善護念諸菩薩 善付囑諸菩薩 汝今諦聽 當爲汝說 善男子善女人 發阿耨多羅三藐三菩提心 應如是住 如是降伏其心

그러자 부처님께서 수보리존자에게 말씀하셨습니다.

"훌륭하구나, 수보리여!
그대의 말과 같이 여래는 언제나 모든 보살을 잘 보살피고 세심한 가르침으로 잘 이끌어준다.
그러니 수보리와 대중들은 자세히 들어라.
믿음이 진실한 선남자 선여인이 아누다라삼먁삼보리를 성취하고자 한다면 마땅히 이와 같은 가르침으로 살아야 하며 이와 같이 마음을 다스려야 하느니라."

2-5. 唯然 世尊 願樂欲聞

그러자 수보리존자가

"알겠습니다, 세존이시여!" 하며 기쁜 마음으로 듣고자 하였습니다.

✻ 아누다라삼먁삼보리
① 가장 높고 바른 깨달음
② 모든 번뇌가 완전히 소멸함
③ 행복, 열반

제3분 실천하는 삶이 대승보살이다
대승정종분 大乘正宗分

3-1. 佛告 須菩提 諸菩薩摩訶薩 應如是降伏其心

부처님께서 수보리존자에게 말씀하셨습니다.

"대승의 마음을 일으킨 모든 보살마하살은 마땅히 다음과 같이 그 마음을 다스려야 하느니라."

3-2. 所有一切 衆生之類 若卵生 若胎生 若濕生 若化生 若有色 若無色 若有想 若無想 若非有想非無想 我皆令入 無餘涅槃 而滅度之

"세상에 존재하는 중생들 즉 알에서 태어난 것이든 태에서 태어난 것이든 습기에서 태어난 것이든 변화하여 태어난 것이든 몸이 있는 것이든 몸이 없는 것이든 생각이 있는 것이든 생각이 없는 것이든 생각이 있는 것도 아니고 없는 것도 아닌 것이든 이 모든 중생을 남김없이 열반의 세계로 인도하리라 하고 발원해야 한다."

3-3. 如是滅度無量無數無邊衆生 實無衆生得滅度者

"하지만 이와 같이 헤아릴 수 없고 끝없는 중생을 제도하여 열반의 세계로 인도하였더라도 나로 인하여 제도되었거나 열반에 든 중생은 없다. 이렇게 마음을 다스려야 하느니라."

3-4. 何以故 須菩提 若菩薩有我相人相衆生相壽者相 卽非菩薩

"왜 그런가 하면 수보리여! 만약 보살이 참 나自我가 있다고 여기며 그릇되게 규정한 아상自我의 관념과 아상自我으로 인하여 규정된 인상生命觀의 관념과 중생상衆生觀의 관념과 수자상靈魂觀의 관념에 사로잡혀 있다면 그를 보살이라 할 수가 없기 때문이다."

※ 아상 · 인상 · 중생상 · 수자상 : 무상無常과 고苦와 무아無我를 알지 못하여 참 나自我가 있다고 여기는 고정된 생각으로 규정한 아상自我의 관념과 그릇된 아상自我으로 인하여 규정된 인상生命觀, 중생상衆生觀, 수자상靈魂觀 등의 모든 관념相, 觀念
※ 인상 · 중생상 · 수자상은 아상의 또 다른 동의어이다.
  - 상相/산냐samjña : 고정된 견해, 고정된 생각
  - 관념觀念 : 어떤 사물이나 현상에 관한 견해나 생각

제4분 집착 없는 보시의 복덕은 헤아릴 수 없다 묘행무주분 妙行無住分

4-1. 復次須菩提 菩薩於法 應無所住 行於布施

"그러므로 수보리여!
보살은 어떤 법에도 집착함이 없이 보시해야 한다."

4-2. 所謂不住色布施 不住聲香味觸法布施 須菩提 菩薩應如是布施 不住於相

"이를테면 어떤 형색에도 집착 없이 보시해야 하며 소리나 냄새나 맛이나 감촉이나 마음의 대상 등 그 어느 곳에도 집착 없이 보시해야 한다.
수보리여! 보살은 이와 같이 베풀었어도 베풀었다는 생각이나 분별없이 보시해야 한다."

4-3. 何以故 若菩薩不住相布施 其福德不可思量

"왜냐하면 보살이 어떠한 상에도 집착 없이 보시한다면 그 복덕은 가히 상상하여 알 수가 없기 때문이니라."

4-4. 須菩提 於意云何 東方虛空 可思量不 不也 世尊

"수보리여! 그대의 생각은 어떠한가?
동쪽 허공의 크기를 상상하여 알 수가 있겠느냐?"

"상상하여 알 수가 없습니다. 세존이시여."

4-5. 須菩提 南西北方 四維上下虛空 可思量不 不也 世尊

"그렇다면 수보리여! 남서 북방과 서북 서남 동북 동남과 위아래 허공의 크기를 상상하여 알 수가 있겠느냐?"

"상상하여 알 수가 없습니다. 세존이시여."

4-6. 須菩提 菩薩無住相布施福德 亦復如是 不可思量 須菩提菩薩 但應如所教住

"수보리여! 보살이 어떠한 분별도 하지 않고 집착 없이 보시한다면 복덕 또한 이와 같아서 가히 상상으로는 알 수가 없다. 그러므로 수보리여! 보살은 반드시 어떠한 분별도 하지 않고 집착 없이 보시해야 하느니라."

제5분 형상有爲은 참이 아니다
여리실견분 如理實見分

5-1. 須菩提 於意云何 可以身相 見如來不

"수보리여! 그대의 생각은 어떠한가?
육신肉身의 형상으로 드러낸 신체적 특징으로 여래라 할 수 있겠느냐?"

5-2. 不也 世尊 不可以身相 得見如來 何以故 如來所說身相 卽非身相

"여래라 할 수 없습니다. 세존이시여!
육신肉身의 형상으로 드러낸 신체적 특징으로는 여래라 할 수 없습니다. 왜냐하면 여래께서 말씀하신 신체적 특징은 곧 무위無爲가 아니기 때문입니다."

5-3. 佛告須菩提 凡所有相 皆是虛妄 若見諸相非相 卽見如來

부처님께서 수보리존자에게 말씀하셨습니다.

"수보리여!
신체적 특징형상은 모두 허망한 것이다.
형상유위은 실체가 없는 것이니
형상이 참 모습이 아닌 줄 알게 된다면
곧 여래를 볼 것이니라." 제1게송

- **육신**肉身**의 형상** : 부처를 상징하는 32가지 육신肉身의 형상과 80가지 신체적 특징 三十二相八十種好
- **무위법**無爲(無漏)**법** : 형성되거나 소멸함이 없는 진리의 세계
  - 열반涅槃
- **유위법**有爲(有漏)**법** : 인연으로 말미암아 화합하거나 분리되어 형성되고 소멸하는 모든 현상 - 무상無相

제6분 진리를 구하는 사람은 언제나 있다
정신희유분 正信希有分

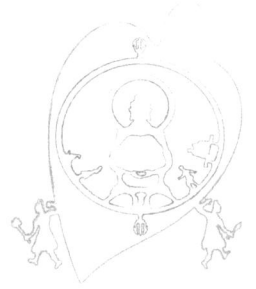

6-1. 須菩提白佛言 世尊 頗有衆生得聞如是言說章句 生實信不

수보리존자가 부처님께 사뢰었습니다.

"세존이시여! 이와 같은 말씀을 듣고 진실한 믿음을 내는 중생들이 있겠습니까?"

6-2. 佛告須菩提 莫作是說 如來滅後後五百歲 有持戒修福者 於此章句 能生信心 以此爲實

부처님께서 수보리존자에게 말씀하셨습니다.

"수보리여! 그렇게 말하지 말라. 여래가 열반에 든 후 오백 년이 지난 뒤에라도 계율을 지키고 복을 닦는 보살들이 있을 것이니 이들은 이러한 가르침에 진실한 믿음으로 따를 것이다."

6-3. 當知是人 不於一佛二佛三四五佛 而種善根 已於無量 千萬佛所 種諸善根 聞是章句 乃至一念 生淨信者

"그대들은 마땅히 알아라.
이 사람들은 이미 한 둘의 부처님이나 셋 넷 다섯 분의 부처님들께만 선근 공덕을 쌓았던 것이 아니다. 이미 한량없는 부처님들께 온갖 선근 공덕을 쌓아왔기 때문에 이 가르침을 잠시라도 듣게 된다면 깨끗하고 청정한 믿음을 내게 될 것이니라."

6-4. 須菩提 如來悉知悉見 是諸衆生 得如是無量福德

"수보리여! 여래는 이러한 중생들이 한량없는 복덕을 쌓고 얻으리라는 것을 이미 붓다의 눈으로 다 보고 있으며 붓다의 지혜로 다 알고 있느니라."

6-5. 何以故 是諸衆生 無復我相人相衆生相壽者相 無法相 亦無非法相

"왜냐하면 이 중생들은 이미 그릇된 아상自我과 인상生命觀과 중생상衆生觀과 수자상靈魂觀의 관념에서 벗어났으며 옳은 법이라는 관념에서도 벗어났으며 또한 그른 법이라는 관념에서도 모두 벗어났기 때문이다."

6-6. 何以故 是諸衆生 若心取相 卽爲着我人衆生壽者 若取法相 卽着我人衆生壽者

"왜 그런가 하면 이 중생들이 만약 마음에 고정된 관념相을 가진다면 이는 곧 아상自我과 인상生命觀과 중생상衆生觀과 수자상靈魂觀의 관념에 집착하게 되는 것이며 옳은 법이라는 고정된 관념을 가져도 아상自我과 인상生命觀과 중생상衆生觀과 수자상靈魂觀의 관념에 집착하게 되는 것이기 때문이다."

6-7. 何以故 若取非法相 卽着我人衆生壽者 是故 不應取法 不應取非法

또한 "그른 법이라는 고정된 관념을 가져도 아상自我과 인상生命觀과 중생상衆生觀과 수자상靈魂觀의 관념에 집착하게 되는 것이니 옳은 법이라는 관념에 집착해서도 안 되고 그른 법이라는 관념에 집착해서도 안 된다."

6-8. 以是義故 如來常說 汝等比丘 知我說法 如筏喩者 法尙應捨 何況非法

"이런 까닭에 여래는 항상 설하였다.
그대 불자들이여! 나의 설법은 마치 뗏목과 같음을 알라.
옳은 법도 버려야 하거늘 하물며 그른 법이겠는가!"

제7분 얻은 법도 설한 법도 없다
무득무설분 無得無說分

7-1. 須菩提 於意云何 如來得阿耨多羅三藐三菩提耶 如來有所說法耶

"수보리여! 그대의 생각은 어떠한가?
여래가 설한 법이 있느냐?
여래가 설법한 바가 있느냐?"

7-2. 須菩提言 如我解佛所說義 無有定法名阿耨多羅三藐三菩提 亦無有定法如來可說

수보리존자가 사뢰었습니다.

"제가 부처님께서 말씀하신 뜻을 이해하기로는 아누다라삼먁삼보리라고 하는 고정된 진리는 없으며 또한 여래께서 고정된 진리가 있다고 설하신 바도 없습니다."

7-3. 何以故 如來所說法 皆不可取 不可說 非法 非非法

"무슨 까닭인가 하면 여래께서 설하신 아누다라삼먁삼보리는 가질 수도 없고 말로써 표현할 수도 없으며 변하지 않는 고정된 진리가 있는 것도 아니요 변하지 않는 고정된 진리가 없다고 정해진 것도 아니기 때문입니다."

7-4. 所以者何 一切賢聖 皆以無爲法 而有差別

"왜 그런가 하면 모든 성인과 현자들은 형성되거나 소멸함이 없는 무위법無爲法으로 차별을 드러내기 때문입니다."

제8분 이 가르침이 곧 깨달음이다
의법출생분 依法出生分

8-1. 須菩提 於意云何 若人滿三千大千世界七寶 以用布施是人 所得福德 寧爲多不

"수보리여! 그대의 생각은 어떠한가? 만약 어떤 사람이 삼천대천세계를 금은보화로 가득 채워서 보시한다면 이 사람이 얻게 되는 복덕은 얼마나 많겠느냐?"

8-2. 須菩提言 甚多世尊 何以故 是福德 卽非福德性 是故 如來說福德多

수보리존자가 대답하였습니다.

"매우 많을 것입니다. 세존이시여!
왜냐하면 이 복덕은 고정되어 실체가 있는 복덕이 아닌 까닭에 여래께서는 유위有爲의 복덕이 많다고 하신 것입니다."

8-3. 若復有人 於此經中 受持乃至四句偈等 爲他人說 其福勝彼

"그러하다, 수보리여! 어떤 사람이라도 여래가 설하는 이 가르침 중에서 네 글귀의 사구게 등을 항상 읽고 쓰고 배우고 익히면서 실천하고 더불어 다른 사람들에게도 아는 만큼 잘 설명하고 가진 만큼 널리 베푼다면 이 복덕은 삼천대천세계를 금은보화로 가득 채워서 보시한 복덕보다도 훨씬 더 클 것이니라."

8-4. 何以故 須菩提 一切諸佛 及諸佛阿耨多羅三藐三菩提法 皆從此經出

"왜 그런가 하면 수보리여!
모든 부처님과 그 부처님들께서 이루신 아누다라삼막삼보리는 모두가 이 가르침으로부터 나왔기 때문이다."

8-5. 須菩提 所謂佛法者 卽非佛法

"수보리여! 이러한 까닭에 부처의 가르침이라고 말하는 것 또한 고정되어 실체가 있는 부처의 가르침이 아니라고 하는 것이다."

제9분 깨달음에는 모습이 없다
일상무상분 一相無相分

9-1. 須菩提 於意云何 須陁洹 能作是念 我得須陁洹果不

"수보리여! 그대의 생각은 어떠한가?
수다원預流者이 스스로 생각하기를 '나는 수다원의 과위果位를 성취하였다'라고 생각하겠느냐?"

9-2. 須菩提言 不也 世尊 何以故 須陁洹 名爲入流 而無所入 不入色聲香味觸法 是名須陁洹

수보리존자가 대답하였습니다.

"아니옵니다. 세존이시여!
왜냐하면 수다원이라는 명칭은 '성자의 경지에 들었다'라고 하지만 실제로는 들어간 바가 없습니다. 수다원은 형색이나 소리나 냄새나 맛이나 감촉이나 마음의 대상 그 어디에도 집착함이 없는 경지에 이른 성인이기에 수다원이라 하는 것입니다."

9-3. 須菩提 於意云何 斯陁含 能作是念 我得斯陁含果不

"수보리여! 그대의 생각은 어떠한가?
사다함一來者이 스스로 생각하기를 '나는 사다함의 과위를 성취하였다'라고 생각하겠느냐?"

9-4. 須菩提言 不也 世尊 何以故 斯陁含 名一往來 而實無往來 是名斯陁含

수보리존자가 대답하였습니다.

"아니옵니다. 세존이시여! 왜냐하면 사다함이라는 명칭은 '한 번만 갔다 온다輪廻'라는 말이지만 실제로는 갔다 옴이 없는 경지에 이른 성인이기에 사다함이라 하는 것입니다."

9-5. 須菩提 於意云何 阿那含 能作是念 我得阿那含果不

"수보리여! 그대의 생각은 어떠한가?
아나함不還者이 스스로 생각하기를 '나는 아나함의 과위를 성취하였다'라고 생각하겠느냐?"

9-6. 須菩提言 不也 世尊 何以故 阿那含 名爲不來 而實無不來 是故名阿那含

수보리존자가 대답하였습니다.

"아니옵니다. 세존이시여! 왜냐하면 아나함이라는 명칭은 '다시는 되돌아오지 않을 사람'이라는 뜻이기는 하지만 실제로는 되돌아오는 경계를 벗어난 성인이기에 아나함이라 하는 것입니다."

9-7. 須菩提 於意云何 阿羅漢 能作是念 我得阿羅漢道不

"수보리여! 그대의 생각은 어떠한가?
아라한이 스스로 생각하기를 '나는 아라한의 과위를 성취하였다'라고 생각하겠느냐?"

9-8. 須菩提言 不也 世尊 何以故 實無有法名阿羅漢 世尊 若阿羅漢作是念 我得阿羅漢道 卽爲着我人衆生壽者

수보리존자가 대답하였습니다.

"아니옵니다. 세존이시여!
왜냐하면 아라한이라 할 만한 고정된 실체가 없기 때문입니다. 세존이시여! 만약 아라한이 '나는 아라한의

도를 성취하였다'고 생각한다면 이는 곧 아상自我과 인상生命觀과 중생상衆生觀과 수자상靈魂觀의 관념에 집착한 것입니다."

9-9. 世尊 佛說我得無諍三昧人中 最爲第一 是第一離欲阿羅漢 世尊 我不作是念 我是離欲阿羅漢

"세존이시여! 부처님께서는 저를 마음의 평화를 얻은 사람 가운데 가장 뛰어나며 모든 욕망을 여읜 최고의 아라한이라고 말씀하셨습니다. 하지만 저는 '나는 모든 욕망을 여읜 아라한이다'라는 생각을 하지 않습니다."

9-10. 世尊 我若作是念 我得阿羅漢道 世尊卽不說 須菩提 是樂阿蘭那行者 以須菩提實無所行 而名須菩提 是樂阿蘭那行

"세존이시여! 제가 만약에 '나는 아라한의 과위를 성취한 성인이다'라는 생각을 한다면 세존께서는 '수보리는 마음의 평화를 즐기는 이'라고 말씀하시지 않았을 것입니다.
수보리는 진실로 어떠한 것에도 집착하는 바가 없기에 '마음의 평화를 즐기는 이'라고 하신 것입니다."

제10분 깨달음의 세계를 꾸민다

장엄정토분 莊嚴淨土分

10-1. 佛告須菩提 於意云何 如來 昔在然燈佛所 於法有所得不

부처님께서 수보리존자에게 말씀하셨습니다.

"수보리여! 그대의 생각은 어떠한가? 여래가 연등부처님이 계셨던 과거 생에서 진리에 대하여 얻은 것이 있느냐?"

10-2. 不也 世尊 如來在然燈佛所 於法實無所得

"없었습니다. 세존이시여!
여래께서는 연등부처님이 계신 곳에서 진리에 대하여 얻은 것이 없었습니다."

10-3. 須菩提 於意云何 菩薩莊嚴佛土不

"수보리여! 그대의 생각은 어떠한가?
보살이 불국토를 아름답게 장엄하느냐?"

10-4. 不也 世尊 何以故 莊嚴佛土者 卽非莊嚴 是名莊嚴

"그렇지 않습니다. 세존이시여!
왜냐하면 불국토를 아름답게 장엄한다는 것은 고정되어 실체가 있는 불국토를 아름답게 장엄하는 것이 아니라 다만 유위有爲의 표현으로 불국토를 아름답게 장엄한다고 하는 것일 뿐입니다."

10-5. 是故 須菩提 諸菩薩摩訶薩 應如是生淸淨心 不應住色生心 不應住聲香味觸法生心 應無所住 而生其心

그러자 부처님께서
수보리존자에게 말씀하셨습니다.

"수보리여! 이러한 까닭에 모든 보살마하살은 집착 없는 청정한 무위의 삶을 살아야 한다.
마땅히 **형색에 집착하지 않으며 소리나 냄새나 맛이나 감촉이나 마음의 대상 등 그 어느 곳에도 머무는 바 없이 그 마음을 내어야 하느니라.**" 제2게송

10-6. 須菩提 譬如有人 身如須彌山王 於意云何 是身爲大不

"수보리여! 비유하건대 어떤 사람의 몸이 수미산만큼 크다고 한다면 그대는 어떻게 생각하겠느냐? 그 사람의 몸을 크다고 할 수 있겠느냐?"

10-7. 須菩提言 甚大 世尊 何以故 佛說非身 是名大身

수보리존자가 대답하였습니다.

"매우 클 것입니다. 세존이시여! 왜냐하면 부처님께서는 큰 몸은 고정되어 실체가 있는 것이 아니라고 하셨기에 다만 유위有爲의 표현으로 그 이름을 큰 몸이라고 하는 것일 뿐입니다."

＊ 수미산 : 삼천대천세계를 아우르는 불교관의 산山

제11분 무위의 복은 수승하다
무위복승분 無爲福勝分

11-1. 須菩提 如恒河中所有沙數 如是沙等恒河 於意云何 是諸恒河沙 寧爲多不

"수보리여! 갠지스강에 쌓여 있는 모래알만큼 많은 갠지스강이 있다고 한다면 그대의 생각은 어떠한가? 이 모든 갠지스강의 모래는 얼마나 많겠느냐?"

11-2. 須菩提言 甚多 世尊 但諸恒河尙多無數 何況其沙

수보리존자가 대답하였습니다.

"매우 많을 것입니다. 세존이시여! 갠지스강만으로도 헤아릴 수 없이 많을 것인데 하물며 그 강들에 있는 모래알의 수를 어찌 말할 수가 있겠습니까."

11-3. 須菩提 我今實言告汝 若有善男子善女人 以七寶滿爾所恒河沙數三千大千世界 以用布施 得福多不

"수보리여! 내가 지금 그대에게 묻노니 만약 믿음이 진실한 선남자 선여인이 그 모든 갠지스강에 쌓여 있는 모래 알만큼이나 많은 삼천대천세계를 금은보화로 가득 채워서 보시한다면 그로 인해 얻게 되는 복덕은 얼마나 많겠느냐?"

11-4. 須菩提言 甚多 世尊

수보리존자가 대답하였습니다.

"상상할 수 없이 많을 것입니다. 세존이시여!"

11-5. 佛告須菩提 若善男子善女人 於此經中 乃至受持四句偈等 爲他人說 而此福德 勝前福德

그러자 부처님께서 수보리존자에게 말씀하셨습니다.

"만약 믿음이 진실한 선남자 선여인이 이 가르침 중에서 네 글귀의 사구게 등을 항상 읽고 쓰고 배우고 익히면서 실천하고 다른 사람들에게도 아는 만큼 잘 설명하고 가진 만큼 널리 베푼다면 이 복덕은 금은보화로 보시한 앞의 복덕보다도 훨씬 더 클 것이니라."

제12분 바른 가르침이 곧 법이다
존중정교분 尊重正教分

12-1. 復次須菩提 隨說是經 乃至四句偈等 當知此處 一切世間天人阿修羅 皆應供養 如佛塔廟 何況有人盡能受持讀誦

"또한 수보리여! 이 가르침이나 네 글귀의 사구게 등이 설해지는 곳에는 모든 천신과 사람과 아수라가 부처님의 진신사리를 모신 탑과 같이 환희 찬탄하며 공양을 올려야 할 것이다. 하물며 이 가르침을 항상 읽고 쓰고 배우고 익혀 실천하는 사람이라면 이 얼마나 훌륭하겠느냐."

12-2. 須菩提 當知是人 成就最上第一希有之法 若是經典所在之處 即爲有佛 若尊重弟子

"수보리여! 마땅히 알아야 한다.
이 사람은 가장 뛰어나며 보기 드문 존귀한 법을 성취하게 될 것이니 이 가르침이 있는 곳은 곧 부처님과 존경받는 제자들이 함께 있는 것과 같으니라."

제13분 금강반야바라밀경이라 하라
여법수지분 如法受持分

13-1. 爾時 須菩提白佛言 世尊 當何名此經 我等云何奉持

그때 수보리존자가 부처님께 여쭈었습니다.

"세존이시여! 이 가르침을 무엇이라 불러야 하며 저희들은 어떻게 받들어 지녀야 하옵니까?"

13-2. 佛告須菩提 是經名爲金剛般若波羅蜜 以是名字 汝當奉持 所以者何 須菩提 佛說般若波羅蜜 卽非般若波羅蜜 是名般若波羅蜜

부처님께서 수보리존자에게 말씀하셨습니다.

"이 가르침은 '금강반야바라밀'이니 이 이름으로 받들어 지니도록 하라.

그러나 수보리여! 여래가 말한 금강반야바라밀은 고정되어 실체가 있는 금강반야바라밀이 아니기에 다만 유위有爲의 표현으로 그 이름을 금강반야바라밀이라 하는 것이다."

13-3. 須菩提 於意云何 如來有所說法不
"수보리여! 그대는 어떻게 생각하느냐?
여래가 설한 법이 있느냐?"

13-4. 須菩提白佛言 世尊 如來無所說
수보리존자가 부처님께 사뢰었습니다.

"세존이시여! 여래께서는 설하신 법이 없습니다."

13-5. 須菩提 於意云何 三千大千世界 所有微塵 是爲多不
"수보리여! 그대의 생각은 어떠한가?
삼천대천세계를 이루고 있는 티끌들을 많다고 할 수 있겠느냐?"

13-6. 須菩提言 甚多世尊

수보리존자가 대답하였습니다.

"매우 많을 것입니다. 세존이시여!"

13-7. 須菩提 諸微塵 如來說非微塵 是名微塵 如來說世界 非世界 是名世界

세존께서 다시 말씀하셨습니다.

"수보리여! 여래가 말하는 이 모든 티끌은 고정되어 실체가 있는 티끌이 아니라 다만 유위有爲의 표현으로 그 이름이 티끌일 뿐이며 여래가 말하는 세계도 고정되어 실체가 있는 세계가 아니라 다만 유위有爲의 표현으로 그 이름을 세계라고 하는 것이다."

13-8. 須菩提 於意云何 可以三十二相 見如來不

"수보리여! 그대의 생각은 어떠한가?
서른두 가지의 신체적 특징으로 여래를 볼 수 있겠느냐?"

13-9. 不也 世尊 不可以三十二相 得見如來 何以故 如來說三十二相 卽是非相 是名三十二相

수보리존자가 사뢰었습니다.

"여래라 할 수 없습니다. 세존이시여!
서른두 가지의 신체적 특징으로 여래를 볼 수는 없습니다.

왜냐하면 여래께서 말씀하신 서른두 가지의 신체적 특징은 고정되어 실체가 있는 신체적 특징이 아니라 다만 유위有爲의 표현으로 그 이름을 서른두 가지의 신체적 특징이라고 하기 때문입니다."

13-10. 須菩提 若有善男子善女人 以恒河沙等身命布施 若復有人 於此經中 乃至受持四句偈等 爲他人說 其福甚多

부처님께서 수보리존자에게 말씀하셨습니다.

"수보리여! 만약 믿음이 진실한 선남자 선여인이 갠지스강에 쌓여 있는 모래알만큼 많은 목숨으로 거듭거듭 보시하였다 하고 또 어떤 사람은 여래가 설하는 금강반야바라밀경의 가르침 중에서 네 글귀의 사구게 등을 항상 읽고 쓰고 배우고 익히면서 실천하고 더불어 다른 사람들에게도 아는 만큼 잘 설명하고 가진 만큼 널리 베푼다면 이 사람의 복덕은 많은 목숨으로 보시한 앞사람의 복덕보다도 훨씬 더 클 것이니라."

제14분 상 없음이 아누다라삼먁삼보리다
이상적멸분 離相寂滅分

14-1. 爾時 須菩提 聞說是經 深解義趣 涕淚悲泣 而白佛言

이때 수보리존자가 금강반야바라밀경의 가르침을 깊이 이해하고 감격의 눈물을 흘리면서 부처님께 사뢰었습니다.

14-2. 希有世尊 佛說如是甚深經典 我從昔來所得慧眼 未曾得聞 如是之經

"거룩하고 자애로운 세존이시여!
부처님께서 설하시는 이토록 미묘하고 심오한 가르침은 제가 옛적부터 지금껏 수행하며 닦은 혜안으로는 일찍이 접해본 적이 없었습니다."

14-3. 世尊 若復有人 得聞是經 信心淸淨 卽生實相 當知是人 成就第一希有功德

"세존이시여! 만약 어떤 사람이 청정한 믿음으로 이 가르침을 배우게 된다면 곧 실상을 깨닫게 될 것이니 이 사람은 세상에서 가장 존귀한 공덕을 성취하게 될 것입니다."

14-4. 世尊 是實相者 卽是非相 是故 如來說名實相

"하지만 세존이시여! 여래께서 말씀하시기를 이 실상이라는 것은 곧 고정되어 실체가 있는 실상이 아니라 다만 유위有爲의 표현으로 그 이름을 실상이라고 하셨습니다."

14-5. 世尊 我今得聞如是經典 信解受持 不足爲難 若當來世 後五百歲 其有衆生 得聞是經 信解受持 是人卽爲第一希有

"세존이시여! 제가 지금 이 가르침을 듣고 깊은 믿음으로 항상 읽고 쓰고 배우고 익히며 실천하는 것은 어렵지 않습니다.
하지만 오백 년의 세월이 지난 먼 훗날 어떤 사람이라도 이 가르침을 항상 읽고 쓰고 배우고 익히면서 실천한다면 이 사람은 아주 존귀한 사람이 될 것입니다."

14-6. 何以故 此人無我相人相衆生相壽者相 所以者何 我相卽是非相 人相衆生相壽者相 卽是非相 何以故 離一切諸相 卽名諸佛

"왜 그런가 하면 이 사람은 아상自我과 인상生命觀과 중생상衆生觀과 수자상靈魂觀의 관념에서 모두 벗어나게 될 것이기 때문입니다.

무슨 까닭인가 하면 이 사람에게는 이미 아상自我도 상이 아니고 인상生命觀과 중생상衆生觀과 수자상靈魂觀도 상이 아닌 까닭입니다. 왜냐하면 일체의 관념觀念, 相에서 벗어난 이를 일러 부처라고 하기 때문입니다."

14-7. 佛告須菩提 如是如是 若復有人 得聞是經 不驚不怖不畏 當知是人 甚爲希有

부처님께서 수보리존자에게 말씀하셨습니다.

"그러하고 그러하다. 만약 어떤 사람이 '일체의 관념에서 벗어난 이를 일러 부처라고 한다'는 이 가르침을 잘 새겨서 이해한다면 놀라지도 않고 두려워하지도 않을 것이며 무서워하지도 않게 될 것이니 반드시 알아라. 이 사람은 매우 존귀한 사람이니라."

14-8. 何以故 須菩提 如來說第一波羅蜜 卽非第一波羅蜜 是名第一波羅蜜

"왜 그런가 하면 수보리여! 여래가 말한 최고의 바라밀은 고정되어 실체가 있는 최고의 바라밀이 아니라 다만 유위有爲의 표현으로 그 이름을 최고의 바라밀이라 말하기 때문이다."

14-9. 須菩提 忍辱波羅蜜 如來說非忍辱波羅蜜 是名忍辱波羅蜜 何以故 須菩提 如我昔爲歌利王 割截身體 我於爾時 無我相 無人相 無衆生相 無壽者相 何以故 我於往昔節 節支解時 若有我相人相衆生相壽者相 應生嗔恨

"수보리여! 여래는 인욕바라밀도 고정되어 실체가 있는 인욕바라밀이 아니라 유위有爲의 표현으로 그 이름을 인욕바라밀이라 하였다. 무슨 까닭인가 하면 수보리여! 그것은 내가 먼 옛날 가리 왕에게 온 몸을 마디마디마다 베이고 찢기던 그때도 나는 아상自我이 없었으며 인상生命觀과 중생상衆生觀과 수자상靈魂觀이 없었느니라.
무슨 뜻인가 하면 나의 사지 마디마디가 잘리고 베이는 그때 나에게 만약 아상自我이 있고 인상生命觀과 중생상衆生觀과 수자상靈魂觀이 있었다면 나는 분명히 성내고 원망하는 마음을 내었을 것이다."

14-10. 須菩提 又念過去於五百世 作忍辱仙人 於爾所世 無我相 無人相 無衆生相 無壽者相

"하지만 수보리여! 여래가 과거 오백 생 동안 인욕수행자였을 때를 기억해보아도 그때 역시 아상自我이 없었고 인상生命觀과 중생상衆生觀과 수자상靈魂觀이 일체 없었느니라."

14-11. 是故 須菩提 菩薩 應離一切相 發阿耨多羅三藐三菩提心 不應住色生心 不應住聲香味觸法生心 應生無所住心

"그러므로 수보리여! 보살은 마땅히 모든 관념에서 벗어나 아누다라삼먁삼보리를 성취하고자 하는 마음을 내어야 한다.
반드시 형색에 집착 없는 마음을 내어야 하며 소리 냄새 맛 감촉 마음의 대상 그 어디에도 집착 없는 마음을 내어야 하며 머무는 바 없이 그 마음을 내어야 하는 것이다."

14-12. 若心有住 卽爲非住 是故 佛說菩薩 心不應住色布施

"만약 마음에 머무는 바가 있다면 그것은 잘못된 것이다. 이런 까닭에 여래는 보살에게 말하기를 형색에 집착 없는 마음으로 보시를 해야 한다고 하였느니라."

14-13. 須菩提 菩薩 爲利益一切衆生 應如是布施

"수보리여! 보살은 모든 중생의 이익을 위하여 이와 같이 집착 없는 보시를 해야 하는 것이다."

14-14. 如來說一切諸相 卽是非相 又說一切衆生 卽非衆生

"여래가 말한 일체의 모든 관념은 곧 고정되어 실체가 있는 관념이 아니며 모든 중생 또한 고정되어 실체가 있는 중생이 아니니라."

14-15. 須菩提 如來是眞語者 實語者 如語者 不誑語者 不異語者 須菩提 如來所得法 此法無實無虛

"수보리여! 여래는 바른 말을 하는 이며 참된 말을 하는 이며 이치에 맞는 말을 하는 이며 속임 없는 말을 하는 이며 사실대로 말하는 이다.
수보리여! 그래서 여래가 성취한 법에는 진실도 없고 거짓도 없느니라."

14-16. 須菩提 若菩薩 心住於法 而行布施 如人入暗 卽無所見 若菩薩 心不住法 而行布施 如人有目 日光明照 見種種色

"수보리여! 보살이 대상에 집착하는 마음으로 보시하는 것은 마치 사람이 어두운 곳에 들어가면 아무것도 보지 못하는 것과 같으며 보살이 대상에 집착 없는 마음으로 보시하는 것은 마치 밝은 햇빛 아래에서 맑은 눈으로 갖가지의 사물을 뚜렷하게 보는 것과 같으니라."

14-17. 須菩提 當來之世 若有善男子善女人 能於此經 受持讀誦 卽爲如來 以佛智慧 悉知是人 悉見是人 皆得成就無量無邊功德

"수보리여! 미래세에 믿음이 진실한 선남자 선여인이 금강경의 가르침을 항상 읽고 쓰고 배우고 익히면서 실천한다면 여래는 이 사람들이 모두 한량없는 공덕을 성취하게 될 것임을 깨달음의 지혜로 이미 다 보아서 알고 있느니라."

형색形色 : 형상과 빛깔. 외형적으로 갖추고 있는 대상의 겉모양이나 차림새 등의 형태, 대상의 형상

제15분 금강경의 실천 공덕은 한량없다
지경공덕분 持經功德分

15-1. 須菩提 若有善男子善女人 初日分 以恒河沙等身布施 中日分 復以恒河沙等身布施 後日分 亦以恒河沙等身布施 如是無量百千萬億劫 以身布施 若復有人 聞此經典 信心不逆 其福勝彼 何況書寫受持讀誦 爲人解說

"수보리여! 어떤 사람이 아침에 갠지스강의 모래알만큼 많은 몸으로 보시하고 낮에도 갠지스강의 모래알만큼 많은 몸으로 보시하고 저녁에도 갠지스강의 모래알만큼 많은 몸으로 보시하고 매일 매일 이같이 헤아릴 수 없는 백천 만억 겁의 세월 동안 많온 몸으로 보시한다고 하자.
그리고 또 어떤 선남자 선여인은 이 가르침을 듣고 배우고 익히면서 실천하여 온 마음이 진실하고 청정한 믿음으로 가득하다면 바로 이 복덕은 저 몸으로 보시한 복덕보다도 더욱 클 것이다. 하물며 금강경의 가르침을 항상 읽고 쓰고 배우고 익히면서 실천하고 더불어 다른 사람들에게도 아는 만큼 잘 설명하고 가진 만큼 널리 베푼다면 그 공덕은 가히 상상할 수가 없느니라."

15-2. 須菩提 以要言之 是經 有不可思議不可稱量無邊功德 如來 爲發大乘者說 爲發最上乘者說

"수보리여! 이 가르침은 가히 생각할 수 없고 상상조차 할 수 없는 무량한 공덕이 있다. 여래는 대승보살의 삶을 살고자 하는 이들을 위해 설하며 최상승의 삶을 살고자 하는 이들을 위해 이 가르침을 설하는 것이다."

15-3. 若有人 能受持讀誦 廣爲人說 如來悉知是人 悉見是人 皆得成就不可量 不可稱無有邊不可思議功德 如是人等 卽爲荷擔如來 阿耨多羅三藐三菩提

"만약 어떤 사람이라도 금강경의 가르침을 항상 읽고 쓰고 배우고 익히면서 실천하고 더불어 다른 사람들에게도 아는 만큼 잘 설명하고 가진 만큼 널리 베푼다면 이 사람은 헤아릴 수 없고 말할 수 없고 끝을 알 수 없고 생각으로는 상상할 수 없는 불가사의한 공덕을 성취할 것임을 여래는 이미 다 알고 다 보고 있나니 이와 같은 사람들은 아누다라삼먁삼보리를 성취할 것이니라."

15-4. 何以故 須菩提 若樂小法者 着我見人見衆生見壽者見 卽於此經 不能聽受讀誦 爲人解說

"왜 그런가 하면 수보리여! 탐욕과 성냄과 어리석음으로 세상을 살아가는 이들은 小法者 무상無常과 고苦와 무아無我를 알지 못하여 참 나自我가 있다고 여기며 규정한 아상自我의 견해와 아상自我으로 인하여 규정된 인상生命觀과 중생상衆生觀과 수자상靈魂觀의 견해에 집착하여 이 가르침을 들으려 하거나 받아들이지 않는 까닭에 다른 사람들을 위하여 설명하거나 베풀지도 못하는 것이다."

15-5. 須菩提 在在處處 若有此經 一切世間天人阿修羅 所應供養 當知此處 卽爲是塔 皆應恭敬 作禮圍繞 以諸華香 而散其處

"수보리여! 금강경의 가르침이 있는 곳은 어떤 곳이라도 세상의 모든 천신과 사람과 아수라가 공양을 올려야 할 것이니 이곳은 곧 부처님의 진신사리를 모신 탑과 같이 갖가지의 꽃과 향 등의 공양물로 장엄하고 지극한 정성으로 공경하고 예배하여야 하느니라."

여섯 가지의 공양물六法供養 : 향 공양, 등 공양, 차 공양, 꽃 공양, 과일 공양, 쌀 공양

제16분 실천하는 삶은 업장을 소멸한다
능정업장분 能淨業障分

16-1. 復次 須菩提 善男子善女人 受持讀誦此經 若爲人輕賤 是人 先世罪業 應墮惡道 以今世人輕賤故 先世罪業 卽爲消滅 當得阿耨多羅三藐三菩提

"또한 수보리여! 믿음이 진실한 선남자 선여인이 금강경의 가르침을 항상 읽고 쓰고 배우고 익히면서 실천을 하는데도 다른 사람들에게 멸시와 천대를 받는다면 이 사람은 전생의 죄업으로 마땅히 악도에 떨어졌어야 할 과보였겠지만 지금 다른 사람들의 멸시와 천대를 당함으로써 전생의 죄업은 모두 소멸되고 반드시 아누다라삼먁삼보리를 성취하게 될 것이다."

16-2. 須菩提 我念過去無量阿僧祇劫 於然燈佛前 得值八百四千萬億那由他諸佛 悉皆供養承事 無空過者

"수보리여! 내가 한량없는 아승지겁의 과거 전생을 기억해보니 나는 연등부처님을 만나 뵙기 전에도 이미 팔백사천 만억 나유타의 무량한 부처님들을 만났었고 그때마다 그 모든 부처님들께 공양하고 섬기기를 다하되 조금도 헛되게 지나친 적이 없었느니라."

16-3. 若復有人 於後末世 能受持讀誦此經 所得功德 於我所供養諸佛功德 百分不及一 千萬億分 乃至算數譬喩 所不能及

"그렇지만 만약 어떤 사람이 말법 시대일지라도 금강경의 가르침을 항상 읽고 쓰고 배우고 익히면서 실천하고 더불어 다른 사람들에게도 아는 만큼 잘 설명하고 가진 만큼 널리 베풀어서 그가 얻게 되는 공덕과 비교한다면 내가 과거 한량없는 부처님들께 공양을 올리고 얻은 공덕으로는 백 분의 일에도 미치지 못하며 천만억 분의 일이나 나아가 어떤 숫자나 셈으로도 비유할 수가 없다."

16-4. 須菩提 若善男子善女人 於後末世 有受持讀誦此經 所得功德 我若具說者 或有人聞 心卽狂亂 狐疑不信

"수보리여! 정법이 쇠퇴한 말법 시대일지라도 믿음이

진실한 선남자 선여인이 금강경의 가르침을 항상 읽고 쓰고 배우고 익히며 실천하여 얻게 되는 공덕은 이렇게 한량이 없으나 믿음이 없는 사람은 내가 이렇게 자세히 설명하여도 의심하는 마음으로 혼란스러워하며 믿지 못하는 것이다."

16-5. 須菩提 當知 是經義 不可思議 果報亦不可思議

"수보리여! 금강경의 가르침은 불가사의하며 그 공덕 또한 상상으로는 가히 알 수가 없음을 반드시 알아야 하느니라."

제17분 상 없음이 참된 보살이다
구경무아분 究竟無我分

17-1. 爾時 須菩提白佛言 世尊 善男子善女人 發阿耨多羅三藐三菩提心 云何應住 云何降伏其心

그때 수보리존자가 부처님께 여쭈었습니다.

"세존이시여! 선남자 선여인이 진실한 믿음으로 부처님의 가르침을 따르고 아누다라삼먁삼보리를 성취하고자 한다면 어떤 가르침으로 살아야 하며 어떻게 마음을 다스려야 합니까?"

17-2. 佛告 須菩提 若善男子善女人 發阿耨多羅三藐三菩提心者 當生如是心 我應滅度一切衆生 滅度一切衆生已 而無有一衆生實滅度者

부처님께서 수보리존자에게 말씀하셨습니다.

"믿음이 진실한 선남자 선여인이 아누다라삼먁삼보리를 성취하고자 한다면 '나는 일체 중생을 남김없이 제도하여 열반에 들게 인도하리라. 그러나 실제로는 한 중생도 나로 인하여 제도되었거나 열반에 든 중생은 없다' 이렇게 마음을 다스리며 살아야 한다."

17-3. 何以故 須菩提 若菩薩 有我相人相衆生相壽者相 卽非菩薩 所以者何 須菩提 實無有法 發阿耨多羅三藐三菩提者

"왜 그런가 하면 수보리여! 만약 보살에게 아상自我이 있고 인상生命觀과 중생상衆生觀과 수자상靈魂觀이 있다고 한다면 이는 곧 보살이 아니기 때문이다.
무슨 까닭인가 하면 수보리여!
실제로는 아누다라삼먁삼보리라고 할 고정된 법이 없기 때문이니라."

17-4. 須菩提 於意云何 如來於然燈佛所 有法得阿耨多羅三藐三菩提不

"수보리여! 그대의 생각은 어떠한가?
여래가 연등부처님의 처소에서 고정된 어떤 법이 있어서 아누다라삼먁삼보리를 성취하였느냐?"

17-5. 不也 世尊 如我解不所說義 佛於然燈佛所 無有法得阿耨多羅三藐三菩提

"그렇지 않습니다. 세존이시여!
제가 부처님께서 말씀하신 뜻을 이해하기로는 부처님께서는 연등부처님의 처소에서 고정된 어떤 법이 있어서 아누다라삼먁삼보리를 성취한 것이 아닙니다."

17-6. 佛言 如是如是 須菩提 實無有法如來得阿耨多羅三藐三菩提

부처님께서 말씀하셨습니다.

"그러하고 그러하다. 수보리여! 여래는 고정된 어떤 법이 있어서 아누다라삼먁삼보리를 성취한 것이 아니니라."

17-7. 須菩提 若有法如來得阿耨多羅三藐三菩提者 然燈佛 即不與我受記 汝於來世 當得作佛 號釋迦牟尼 以實無有法得阿耨多羅三藐三菩提 是故 然燈佛 與我受記 作是言 汝於來世 當得作佛 號釋迦牟尼 何以故 如來者 即諸法如義

"수보리여! 만약 여래가 고정된 어떤 법이 있어서 아누다라삼먁삼보리를 성취하였다고 한다면 연등부처님께서는 내게 '그대는 내세에 반드시 석가모니라는 이름으로 부처가 될 것이다'라고 수기하지 않았을 것이다.

왜 그런가 하면 고정된 어떤 법이 있어서 아누다라삼먁삼보리를 성취한 것이 아니기에 연등부처님께서는 나에게 '그대는 내세에 반드시 석가모니라는 이름으로 부처가 될 것이다'라고 수기하신 것이다. 왜냐하면 여래라고 하는 것은 모든 존재의 실상 그대로를 의미하는 것이기 때문이니라."

17-8. 若有人 言如來得阿耨多羅三藐三菩提 須菩提 實無有法佛得阿耨多羅三藐三菩提

"만약 어떤 사람이 '여래는 아누다라삼먁삼보리를 성취하였다'고 말을 한다면 수보리여! 여래는 진실로 고정된 어떤 법이 있어서 아누다라삼먁삼보리를 성취한 것이 아니니라."

17-9. 須菩提 如來所得阿耨多羅三藐三菩提 於是中無實無虛 是故 如來說 一切法 皆是佛法 須菩提 所言一切法者 卽非一切法 是故 名一切法

"수보리여! 여래가 성취한 아누다라삼먁삼보리는 진실도 없고 헛됨도 없다. 이러한 까닭에 여래는 '일체법이 모두 불법佛法이다'라고 말하는 것이다.
수보리여! 이른바 일체법이라는 것은 곧 고정되어 실체가 있는 일체법이 아닌 까닭에 다만 유위有爲의 표현으로 그 이름을 일체법이라고 하는 것이다."

17-10. 須菩提 譬如人身長大

"수보리여! 비유하건대 어떤 사람의 몸이 큰 것과도 같으니라."

17-11. 須菩提言 世尊 如來說人身長大 卽爲非大身 是名大身

이에 수보리존자가 사뢰었습니다.

"세존이시여! 여래께서 사람의 몸이 크다고 하신 것은 고정되어 실체가 있는 큰 몸을 말씀하신 것이 아니라 다만 유위有爲의 표현으로 그 이름을 큰 몸이라 하신 것입니다."

17-12. 須菩提 菩薩亦如是 若作是言 我當滅度無量衆生 卽不名菩薩 何以故 須菩提 實無有法名爲菩薩

그러자 부처님께서 말씀하셨습니다.

"수보리여! 보살도 또한 이와 같다. 만약 보살이 '나는 한량없는 중생들을 남김없이 제도하리라' 말한다면 그를 보살이라고 할 수가 없다. 왜 그런가 하면 수보리여! 고정된 어떤 법이 있어서 그 이름을 보살이라고 하는 것이 아니기 때문이니라."

17-13. 是故 佛說一切法 無我無人無衆生無壽者

"이런 까닭에 여래는 모든 법에는 아상自我도 없고 인상生命觀과 중생상衆生觀과 수자상靈魂觀도 없다고 말하는 것이다."

17-14. 須菩提 若菩薩作是言 我當莊嚴佛土 是不名菩薩 何以故 如來說莊嚴佛土者 即非莊嚴 是名莊嚴

"수보리여! 보살이 만약 '나는 반드시 불국토를 장엄하리라' 말한다면 이는 보살이라 할 수가 없다.
왜 그런가 하면 여래가 말하는 불국토를 장엄한다는 것은 곧 고정되어 실체가 있는 불국토를 장엄한다는 것이 아니라 다만 유위有爲의 표현으로 불국토를 장엄한다고 하는 것이기 때문이니라."

17-15. 須菩提 若菩薩通達無我法者 如來說名眞是菩薩

"수보리여! 만약 보살이 무아無我의 이치를 통달한다면 여래는 이러한 사람을 일러 진정한 대승보살이라 하는 것이다."

제18분 부처님은 모든 것을 보고 알고 있다 일체동관분 一體同觀分

18-1. 須菩提 於意云何 如來有肉眼不 如是 世尊 如來有肉眼

"수보리여! 그대의 생각은 어떠한가?
여래에게 육체의 눈肉眼이 있느냐?"

"그렇습니다. 세존이시여!
여래께서는 육체의 눈을 갖추고 계십니다."

18-2. 須菩提 於意云何 如來有天眼不 如是 世尊 如來有天眼

"수보리여! 그대의 생각은 어떠한가?
여래에게 하늘 사람의 눈天眼이 있느냐?"

"그렇습니다. 세존이시여!
여래께서는 하늘 사람의 눈을 갖추고 계십니다."

18-3. 須菩提 於意云何 如來有慧眼不 如是 世尊 如來有慧眼

"수보리여! 그대의 생각은 어떠한가?
여래에게 지혜의 눈慧眼이 있느냐?"

"그렇습니다. 세존이시여!
여래께서는 지혜의 눈을 갖추고 계십니다."

18-4. 須菩提 於意云何 如來有法眼不 如是 世尊 如來有法眼

"수보리여! 그대의 생각은 어떠한가?
여래에게 진리의 눈法眼이 있느냐?"

"그렇습니다. 세존이시여!
여래께서는 진리의 눈을 갖추고 계십니다."

18-5. 須菩提 於意云何 如來有佛眼不 如是 世尊 如來有佛眼

"수보리여! 그대의 생각은 어떠한가?
여래에게 부처의 눈佛眼이 있느냐?"

"그렇습니다. 세존이시여!
여래께서는 부처의 눈을 갖추고 계십니다."

18-6. 須菩提 於意云何 如恒河中所有沙 佛說是沙不 如是 世尊 如來說是沙

"수보리여! 그대의 생각은 어떠한가?
여래가 갠지스강의 모래를 비유하여 말한 적이 있느냐?"

"그렇습니다. 세존이시여! 여래께서는 갠지스강의 모래를 비유하여 말씀하셨습니다."

18-7. 須菩提 於意云何 如一恒河中所有沙 有如是等恒河 是諸恒河所有沙數 佛世界 如是寧爲多不

"수보리여! 그대의 생각은 어떠한가?
갠지스강에 있는 모래알만큼의 갠지스강이 있고 또 수많은 갠지스강의 모래알만큼 많은 불국토가 있다고 한다면 이를 많다고 하겠느냐?"

18-8. 甚多 世尊

수보리존자가 대답하였습니다.

"상상할 수 없이 많을 것입니다. 세존이시여!"

18-9. 佛告須菩提 爾所國土中所有衆生 若干種心 如來悉知 何以故 如來說諸心 皆爲非心 是名爲心

부처님께서 수보리존자에게 말씀하셨습니다.

"수보리여! 여래는 저 국토에 있는 중생들의 온갖 마음을 다 알고 있다. 왜냐하면 여래가 말하는 온갖 마음이라 하는 것은 고정된 실체가 있어서 온갖 마음이라 하는 것이 아니라 다만 유위有爲의 표현으로 그 이름을 마음이라 하기 때문이니라."

18-10. 所以者何 須菩提 過去心不可得 現在心不可得 未來心不可得

"무슨 뜻인가 하면 수보리여!
과거의 마음은 이미 지나간 것이기에 찾을 수가 없고
현재의 마음은 잠시도 머물지 않기에 찾을 수가 없고
미래의 마음은 아직 다가오지 않았기에 찾을 수가 없는 것이다."

제19분 복덕으로 교화하라
법계통화분 法界通化分

19-1. 須菩提 於意云何 若有人 滿三千大千世界七寶 以用布施 是人以是因緣 得福多不

"수보리여! 그대의 생각은 어떠한가?
어떤 사람이 삼천대천세계를 금은보화로 가득 채워서 보시한다면 이 사람이 이 인연으로 얻게 되는 복덕은 얼마나 많겠느냐?"

19-2. 如是 世尊 此人 以是因緣 得福甚多

그러자 수보리존자가 대답하였습니다.

"세존이시여! 이 사람이 이 인연으로 얻게 되는 복덕은 상상할 수 없이 많을 것입니다."

19-3. 須菩提 若福德有實 如來不說得福德多 以福德無故 如來說得福德多

"수보리여! 만약 복덕이 실체가 있는 것이라면 여래는 많은 복덕을 얻는다고 말하지 않았을 것이다. 고정되어 실체가 있는 복덕이 아닌 까닭에 여래는 유위有爲의 많은 복덕을 얻는다고 하는 것이다."

제20분 여래는 형상을 벗어났다
이색이상분 離色離相分

20-1. 須菩提 於意云何 佛可以具足色身見不

"수보리여! 그대의 생각은 어떠한가?
거룩한 신체적 특징을 모두 갖추었다 하여 부처라고 볼 수 있겠느냐?"

20-2. 不也 世尊 如來不應以具足色身見 何以故 如來說具足色身 卽非具足色身 是名具足色身

"볼 수가 없습니다. 세존이시여!
거룩한 신체적 특징을 모두 갖추있다 하여 여래라 볼 수는 없습니다. 왜냐하면 여래에서 신체적 특징을 모두 갖추었다고 하신 것은 곧 고정되어 실체가 있는 신체적 특징이 아니라 다만 유위有爲의 표현으로 신체적 특징을 모두 갖춘 모습이라고 하셨기 때문입니다."

20-3. 須菩提 於意云何 如來可以具足諸相見不

"수보리여! 그대의 생각은 어떠한가?
삼십이상과 팔십 가지의 신체적 특징을 모두 갖추었다 하여 여래라 볼 수 있겠느냐?"

20-4. 不也 世尊 如來不應以具足諸相見 何以故 如來說諸相具足 卽非具足 是名諸相具足

"볼 수가 없습니다. 세존이시여!
삼십이상과 팔십 가지의 상호를 모두 갖추었다고 하여 반드시 여래라 볼 수는 없습니다.
왜냐하면 여래께서 신체적 특징을 모두 갖추었다 하는 것은 고정되어 실체가 있는 신체적 특징을 모두 갖춘 것이 아니라 다만 유위有爲의 표현으로 삼십이상과 팔십 가지의 신체적 특징을 모두 갖춘 모습을 말씀하셨기 때문입니다."

제21분 설한 법이 없다
비설소설분 非說所說分

21-1. 須菩提 汝勿謂如來作是念 我當有所說法 莫作是念 何以故 若人言 如來有所說法 卽爲謗佛 不能解我所說故

"수보리여! 그대는 여래가 '나는 설한 법이 있다'는 생각을 한다고 말하거나 이런 생각을 하지 말라. 왜 그런가 하면 만약 어떤 사람이 '여래께서 설하신 법이 있다'고 말한다면 이 사람은 곧 여래를 비방하는 것이니 이는 내가 설한 참된 뜻을 이해하지 못한 까닭이니라."

21-2. 須菩提 說法者 無法可說 是名說法

"수보리여! 설법이라는 것은 고정되어 실체가 있는 법이 아니기에 다만 유위有爲의 표현으로 그 이름을 설법이라 하는 것이다."

21-3. 爾時 慧命須菩提 白佛言 世尊 頗有衆生 於未來世 聞說是法 生信心不

그때 수보리존자가 부처님께 여쭈었습니다.

"세존이시여! 먼 훗날 이 가르침을 듣고서 믿음을 내는 중생들이 있겠습니까?"

21-4. 佛言 須菩提 彼非衆生 非不衆生 何以故 須菩提 衆生衆生者 如來說非衆生 是名衆生

그러자 부처님께서 말씀하셨습니다.

"수보리여! 그들은 중생도 중생이 아님도 아니다. 왜 그런 가 하면 수보리여! 여래가 중생도 아니고 중생이 아님도 아니라 하는 것은 고정되어 실체가 있는 중생이 아니기에 다만 유위有爲의 표현으로 그 이름을 중생이라 하는 것이 니라."

제22분 얻은 바가 없음이 아누다라삼먁삼보리다 무법가득분 無法可得分

22-1. 須菩提白佛言 世尊 佛得阿耨多羅三藐三菩提 爲無所得耶

수보리존자가 부처님께 여쭈었습니다.

"세존이시여! 부처님께서 아누다라삼먁삼보리를 얻었다는 것은 곧 얻은 바가 없다는 것입니까?"

22-2. 佛言 如是如是 須菩提 我於阿耨多羅三藐三菩提 乃至無有少法可得 是名阿耨多羅三藐三菩提

부처님께서 말씀하셨습니다.

"그러하고 그러하다. 수보리여! 나는 고정되어 실체가 있는 아누다라삼먁삼보리의 아주 작은 법조차도 얻은 바가 없다. 다만 유위有爲의 표현으로 그 이름을 아누다라삼먁삼보리라고 하는 것이니라."

제23분 집착 없이 행하라
정심행선분 淨心行善分

23-1. 復次 須菩提 是法平等 無有高下 是名阿耨多羅三藐三菩提

"또한 수보리여! 이 법은 평등하여 차별이 없고 높고 낮음이 없다. 이를 일러 아누다라삼먁삼보리라 한다."

23-2. 以無我無人無衆生無壽者 修一切善法 卽得阿耨多羅三藐三菩提

"아상自我과 인상生命觀과 중생상衆生觀과 수자상靈魂觀 등의 모든 상을 없애고 일체의 선한 법을 닦음으로써 아누다라삼먁삼보리를 성취하게 되는 것이다."

23-3. 須菩提 所言善法者 如來說 卽非善法 是名善法

"수보리여! 이른바 선한 법이라는 것은 고정된 실체가 있어서 선한 법이 아니라 다만 유위有爲의 표현으로 그 이름을 선한 법이라 하는 것이다."

제24분 최고의 공덕은 전법이다
복지무비분 福智無比分

24-1. 須菩提 若三千大千世界中 所有諸須彌山王 如是等七寶聚 有人 持用布施 若人 以此般若波羅蜜經 乃至四句偈等 受持讀誦 爲他人說 於前福德 百分不及一 百千萬億分 乃至算數譬喩 所不能及

"수보리여! 어떤 사람이 삼천대천세계를 아우르는 수미산만 한 금은보화의 무더기를 보시한다고 하자.
또 어떤 사람은 금강반야바라밀경이나 혹은 네 글귀의 사구게 등을 항상 읽고 쓰고 배우고 익히면서 실천하고 더불어 다른 사람들에게도 아는 만큼 잘 설명하고 가진 만큼 널리 베푼다면 금은보화로 보시한 앞의 복덕은 백 분의 일이나 백천 만억 분의 일에도 미치지 못하며 나아가 어떠한 계산이나 비유로도 미치지 못할 것이니라."

제25분 교화함도 교화할 중생도 없다
화무소화분 化無所化分

25-1. 須菩提 於意云何 汝等勿謂如來作是念 我當度衆生 須菩提 莫作是念 何以故 實無有衆生如來度者 若有衆生如來度者 如來 卽有我人衆生壽者

"수보리여! 그대의 생각은 어떠한가? 그대들은 여래가 나는 반드시 중생을 제도하리라는 생각을 한다고 말하지 말라.
수보리여! 이 같은 생각을 하지 말라.
왜냐하면 여래는 중생이 있어서 제도하는 것이 아니기 때문이다. 만약 여래가 중생이 있어서 제도한다면 여래는 아상自我이 있는 것이며 인상生命觀과 중생상衆生觀과 수자상靈魂觀이 있는 것이니라."

25-2. 須菩提 如來說有我者 卽非有我 而凡夫之人 以爲有我 須菩提 凡夫者 如來說 卽非凡夫

"수보리여! 여래는 자아自我가 있다는 집착은 곧 자아自我가 있다는 집착이 아니라고 설하였느니라. 그러나 범부衆生들은 자아自我가 있다고 집착한다. 하지만 수보리여! 여래는 범부 역시 고정된 실체가 있어서 범부가 아니라 다만 유위有爲의 표현으로 그 이름이 범부일 뿐이라고 하였느니라."

제26분 형상에 미혹하지 말라
법신비상분 法身非相分

26-1. 須菩提 於意云何 可以三十二相 觀如來不

"수보리여! 그대의 생각은 어떠한가?
서른두 가지 신체적 특징으로 여래를 볼 수가 있겠느냐?"

26-2. 須菩提言 如是如是 以三十二相 觀如來

수보리존자가 사뢰었습니다.

"예, 그렇습니다. 세존이시여! 서른두 가지 신체적 특징을 미루어 여래라고 볼 수 있습니다."

26-3. 佛言 須菩提 若以三十二相 觀如來者 轉輪聖王 卽是如來

이에 부처님께서 말씀하셨습니다.

"수보리여! 만약 그대의 말대로 서른두 가지 신체적 특징을 미루어 여래라고 볼 수 있다면 서른두 가지 신체적 특징을 갖추고 있는 전륜성왕도 곧 여래라 할 수 있겠구나."

26-4. 須菩提白佛言 世尊 如我解佛所說義 不應以三十二相 觀如來

그러자 수보리존자가 부처님께 다시 사뢰었습니다.

"세존이시여! 제가 부처님께서 말씀하신 뜻을 다시 이해하기로는 서른두 가지 신체적 특징을 모두 갖추었다 하여 여래라고 볼 수는 없겠습니다."

26-5. 爾時 世尊 而說偈言 若以色見我 以音聲求我 是人行邪道 不能見如來

그러자 부처님께서 게송으로 설하셨습니다.

"**형상으로 나를 보려 하거나 음성으로 나를 찾는다면 이 사람은 잘못된 길로 나아가는 것이니 결코 여래를 보지 못하리라.**" 제3게송

제27분 끊어짐도 없어짐도 없다
무단무멸분 無斷無滅分

27-1. 須菩提 汝若作是念 如來不以具足相故 得阿耨多羅三藐三菩提 須菩提 莫作是念 如來不以具足相故 得阿耨多羅三藐三菩提

"수보리여! 만약 그대가 여래는 서른두 가지 신체적 특징을 갖추지 않았기에 아누다라삼먁삼보리를 성취하였다는 생각을 한다면 수보리여! 여래는 서른두 가지 신체적 특징을 갖추지 않았기에 아누다라삼먁삼보리를 성취하였다는 생각을 하지 말라."

27-2. 須菩提 汝若作是念 發阿耨多羅三藐三菩提者 說諸法斷滅相 莫作是念 何以故 發阿耨多羅三藐三菩提心者 於法 不說斷滅相

"수보리여! 그대가 생각하기를 만약 아누다라삼먁삼보리를 성취하고자 마음을 낸 이들이 모든 법은 없다諸法斷滅相

라고 할 것이라 여긴다면 이런 생각을 하지 말라. 왜냐하면 아누다라삼먁삼보리를 성취하고자 마음을 낸 이들은 법에 대해서 없다斷滅相라고 말하지 않기 때문이다."

- **단멸상**斷滅相 : 끊어지고 소멸한다는 뜻으로 삼십이상 팔십종호 같은 여래의 구족상을 '꼭 갖추지 않아도 된다'와 같이 없음에 대하여 단정적으로 규정하는 논리

제28분 누리지도 탐하지도 않는다
불수불탐분 不受不貪分

28-1. 須菩提 若菩薩 以滿恒河沙等世界七寶 持用布施 若復有人 知一切法無我 得成於忍 此菩薩 勝前菩薩所得功德

"수보리여! 만약 어떤 사람이 갠지스강의 모래알만큼 수많은 세계를 금은보화로 가득 채워서 보시한다고 하자. 그리고 또 어떤 보살은 일체법이 무아無我임을 깨닫게 된다면 이 보살이 얻게 되는 공덕은 앞의 사람이 금은보화로 보시한 공덕보다도 더욱 클 것이니라."

28-2. 何以故 須菩提 以諸菩薩 不受福德故

"왜 그런가 하면 수보리여! 모든 보살은 복덕을 누리지 않기 때문이다."

28-3. 須菩提白佛言 世尊 云何菩薩 不受福德

수보리존자가 부처님께 사뢰었습니다.

"세존이시여! 어찌하여 보살은 복덕을 누리지 않는 것입니까?"

28-4. 須菩提 菩薩 所作福德 不應貪着 是故 說不受福德

"수보리여! 대승의 보살은 자신이 지은 유위有爲의 복덕에 탐욕을 부리거나 집착하지 않는다. 이러한 까닭에 복덕을 누리지 않는다고 말하는 것이니라."

제29분 여래는 오고 감이 없다
위의적정분 威儀寂靜分

29-1. 須菩提 若有人言 如來 若來 若去 若坐 若臥 是人 不解我所說義

"수보리여! 만약 어떤 사람이 여래는 오기도 하고 가기도 하며 앉기도 하고 눕기도 한다고 말한다면 이 사람은 내가 말한 뜻을 이해하지 못하였느니라."

29-2. 何以故 如來者 無所從來 亦無所去 故名如來

"왜 그런가 하면 여래는 어느 곳으로부터 오는 것도 아니고 또한 어디로 가는 것도 없다. 이러한 까닭에 여래라 하는 것이다."

제30분 부분과 전체의 참 모습
일합이상분 一合理相分

30-1. 須菩提 若善男子善女人 以三千大天世界 碎爲微塵 於意云何 是微塵衆 寧爲多不

"수보리여! 어떤 선남자 선여인이 삼천대천세계를 부수어 작은 티끌로 만든다면 그대의 생각은 어떠한가? 그 티끌들을 많다고 할 수 있겠느냐?"

30-2. 甚多世尊 何以故 若是微塵衆 實有者 佛卽不說是微塵衆 所以者何 佛說微塵衆 卽非微塵衆 是名微塵衆

수보리존자가 사뢰었습니다.

"매우 많을 것입니다. 세존이시여! 왜냐하면 그 티끌들이 실제로 있는 것이라면 여래께서는 티끌들이라고 말씀하지 않으셨을 것입니다. 여래께서 말씀하시는 티끌들은 고정되어 실체가 있는 티끌들이 아니기에 다만 유위有爲의 표현으로 그 이름을 티끌들이라고 하셨기 때문입니다."

30-3. 世尊 如來所說三千大天世界 卽非世界 是名世界

"세존이시여! 여래께서 말씀하시는 삼천대천세계도 고정되어 실체가 있는 세계가 아니기에 다만 유위有爲의 표현으로 그 이름을 세계라 말씀하셨습니다."

30-4. 何以故 若世界 實有者 卽是一合相 如來說一合相 卽非一合相 是名一合相

"무슨 뜻인가 하면 만약 세계가 실제로 있는 것이라면 그것은 하나의 덩어리로 고정되어 변함없는 모습이겠지만 여래께서 하나의 덩어리로 이루어진 모습이라 하신 것은 곧 고정되어 실체가 있는 한 덩어리로 이루어진 모습이 아니기에 다만 유위有爲의 표현으로 그 이름을 한 덩어리로 이루어진 모습일 뿐이라 하신 것입니다."

30-5. 須菩提 一合相者 卽是不可說 但凡夫之人 貪着其事

부처님께서 말씀하셨습니다.

"수보리여! 한 덩어리로 이루어진 모습의 세계라는 것은 말로는 표현할 수가 없는 것인데 다만 범부 중생들이 그 모습을 탐하고 집착하는 것이니라."

제31분 견해를 일으키지 말라
지견불생분 知見不生分

31-1. 須菩提 若人言 佛說我見人見衆生見壽者見 須菩提 於意云何 是人 解我所說義不

"수보리여! 어떤 사람이 여래가 참 나自我가 있다고 여기며 규정한 아상自我의 견해와 아상自我으로 인하여 규정된 인상生命觀의 견해와 중생상衆生觀의 견해와 수자상靈魂觀의 견해를 설했다고 한다면 그대의 생각은 어떠한가? 이 사람은 여래가 말한 뜻을 이해하였겠느냐?"

31-2. 不也 世尊 是人 不解如來所說義 何以故 世尊說我見人見衆生見壽者見 卽非我見人見衆生見壽者見 是名我見人見衆生見壽者見

"아닙니다. 세존이시여! 이 사람은 여래께서 말씀하신 뜻을 알지 못하였습니다. 왜냐하면 세존께서 말씀하신 아상自我 인상生命觀 중생상衆生觀 수자상靈魂觀에 대한 견해는 곧 고정되어 실체가 있는 아상自我 인상生命觀 중생상衆生觀 수자상靈魂觀에 대한 견해가 아니라 다만 유위有爲의 표현으로 그 이름을 아상自我 인상生命觀 중생상衆生觀 수자상靈魂觀이라고 한 견해일 뿐이기 때문입니다."

31-3. 須菩提 發阿耨多羅三藐三菩提心者 於一切法 應如是知 如是見 如是信解 不生法相

"수보리여! 아누다라삼먁삼보리를 성취하고자 마음을 낸 이들은 일체의 법에서 마땅히 바르게 알고 바르게 보며 바르게 믿고 바르게 이해하여 옳거나 그른 법이라는 상을 내지 말아야 하느니라."

31-4. 須菩提 所言法相者 如來說卽非法相 是名法相

"수보리여! 여래가 말한 법상은 곧 고정되어 실체가 있는 법이 아니라 다만 유위有爲의 표현으로 그 이름을 법상法相이라고 하는 것일 뿐이니라."

제32분 가르침의 갈무리

응화비진분 應化非眞分

32-1. 須菩提 若有人 以滿無量阿僧祇世界七寶 持用布施 若有善男子善女人 發菩薩心者 持於此經 乃至四句偈等 受持讀誦 爲人演說 其福勝彼

"수보리여! 어떤 사람이 헤아릴 수 없이 무량한 아승지세계를 금은보화로 가득 채워 보시를 하고 또 보살의 마음을 낸 믿음이 진실한 선남자 선여인이 금강반야바라밀경을 항상 읽고 쓰고 배우고 익히면서 실천하고 네 글귀의 사구게 등을 다른 사람들에게 아는 만큼 잘 설명하고 가진 만큼 널리 베푼다면 이 복덕은 앞서 금은보화로 보시한 복덕보다도 훨씬 더 클 것이다."

32-2. 云何爲人演說 不取於相 如如不動

"그렇다면 다른 사람들을 위해 어떻게 설명하고 어떻게 베풀면 되겠는가? 이는 집착 없는 한결같은 마음으로 흔들리지 않고 아는 만큼 잘 설명하고 가진 만큼 잘 베풀어야 한다."

32-3. 何以故 一切有爲法 如夢幻泡影 如露亦如電 應作如是觀

"왜 그런가 하면
**화합하고 분리되고 형성되고 소멸하는
일체의 모든 유위법은 모두 꿈과 같고
허깨비와 같고 물거품과 같고 그림자와 같고
이슬과 같고 또 번개와 같은 것이니
이렇게 허망한 것으로 보아야 한다.**" 제4게송

32-4. 佛說是經已 長老須菩提 及諸比丘比丘尼 優婆塞優婆夷 一切世間天人阿修羅 聞佛所說 皆大歡喜 信受奉行

부처님께서 금강반야바라밀경의 가르침을 모두 설하여 마치시니 장로 수보리존자와 비구 비구니 우바새 우바이와 세상의 모든 천신을 비롯한 사람들과 아수라가 부처님의 가르침에 크게 감동하여 환희하며 이를 믿고 받들고 따르고자 하였습니다.

독송 후後 마무리 의식

나무 금강반야바라밀경
나무 금강반야바라밀경
나무 금강반야바라밀경

열 가지 악업을 참회함 十惡懺悔
살생으로 지은 죄업 오늘 모두 참회하며
도둑질로 지은 죄업 오늘 모두 참회하며
사음으로 지은 죄업 오늘 모두 참회하며
거짓말로 지은 죄업 오늘 모두 참회하며
꾸밈말로 지은 죄업 오늘 모두 참회하며
이간질로 지은 죄업 오늘 모두 참회하며
험한말로 지은 죄업 오늘 모두 참회하며
탐욕으로 지은 죄업 오늘 모두 참회하며
성냄으로 지은 죄업 오늘 모두 참회하며
어리석어 지은 죄업 오늘 모두 참회하며
백겁 천겁 쌓인 죄업 한 생각에 없어져서
마른 풀을 불 태운 듯 흔적조차 없어지다.

죄의 자성 본래 없어 마음 따라 일어난 것
마음 만약 없어지면 죄업 또한 사라지네.
죄도 업도 없어지고 마음 또한 공하여야
이것을 이름하여 진참회라 하는구나.

업장을 참회하는 진언 懺悔眞言

『옴 살바 못자 모지 사다야 사바하』 세 번

원하옵건대
이 공덕이 모두에게 두루 미쳐
저희들과 중생들이 극락세계 태어나서
무량수불 함께 뵙고 모두 성불하여지이다. 합장 반배

금강경 독송 회향 발원문

거룩하신 부처님이시여

금강반야바라밀경의 가르침에서
사구게만이라도 항상 읽고 배우고 익히면서 실천하고
또 다른 사람들에게 아는 만큼 잘 설명하고
가진 만큼 널리 베푼다면
이 복덕은 무량한 아승지세계를
금은보화로 가득 채워 보시한 복덕보다도
훨씬 더 크다고 하였습니다.

이렇게 복덕 가득한 금강반야바라밀경을
오늘 제가 보고 읽은 이 인연 받들어
팔정도의 삶으로 실천하고 회향하는
대승보살이 되기를 서원하옵니다.

바라옵건대 이러한 인연 공덕으로
부모 형제를 비롯한 일가친척과
과거 현재 미래에 인연 짓는 모든 이들이
삼재와 팔난을 면하게 하여 주시옵고

모든 소망과 발원은 원만히 성취되며
선망 조상님과 유주 무주의 일체 고혼과
저희 모두가 극락세계 태어나서
무량수불 함께 뵙고 성불하여지이다.

나무석가모니불
나무석가모니불
나무시아본사 석가모니불

금강경 경전經典의 출현 배경

부처님께서 45년간의 설법을 마치고 쿠시나가라에서 열반에 드시자 그동안 부처님만을 의지하며 지내던 교단과 승려들은 슬픔과 좌절감에 어찌할 바를 몰랐다.

하지만 모두가 슬퍼하는 것만은 아니었으니
대중 가운데서는 "**수행자들이여, 슬퍼하지 말고 근심하지 말라. 우리는 이제 부처님으로부터 해방되었다. 이제까지 우리는 부처님께서 '이것은 너희에게 허락한다', '이것은 너희에게 마땅치 않다'라고 해서 괴로움과 구속을 당했다.
그러나 이제부터는 우리가 하고 싶은 일을 하고, 하고 싶지 않은 일은 하지 않아도 된다**"라고 하며 부처님의 열반을 기회로 부처님의 가르침과는 무관하게 오히려 교단을 혼란하게 하며 어깃장을 놓는 이들도 있었다.

부처님의 장례를 마친 어느 날
부처님의 상수 제자인 마하가섭존자와
천안제일 아나율존자天眼阿那律, 다문제일 아난다존자多聞

阿難陀, 지계제일 우바리존자持戒優婆離, 설법제일 부루나존자說法富樓那, 해공제일 수보리존자解空須菩提, 논의제일 가전연존자論議迦旃延, 밀행제일 라훌라존자密行羅睺羅 등 초기 교단을 이끌어 오던 부처님의 상수 제자들이 모여서 혼란스러운 승가를 위하여 부처님의 가르침과 계율을 어떻게 정립할 것인가를 의논하였다.

가섭장로가 말을 하였다.

여러분! 부처님께서 열반에 드신 지 벌써 백 일이 다가옵니다. 부처님께서는 **"모든 것은 곧 생하고 멸하는 까닭에 무상한 것이니 생멸의 집착에서 벗어나면 열반의 기쁨을 누리리라"**고 누누이 말씀하셨습니다.
저도 또한 슬픔을 가눌 길이 한량없지만 그렇다고 우리들이 좌절하고 슬픔에 빠져 있을 수는 없습니다.

앞으로 그릇된 가르침이 전해져서 바른 가르침이 쇠하고, 그릇된 계율이 전해져서 바른 계율이 쇠하는 일이 없도록 하기 위해서 대덕스님들의 의견을 구하고자 합니다.
이 교단을 어떻게 운영하고 유지해 나갈 것인지 기탄 없이 의견을 제시하여 주시기 바랍니다.

그러자 가전연존자가 말하였다.

맞습니다.
부처님의 열반을 접한 사람들이 괴로움이 없는 경계를 수행하기 위하여 구름과 같이 몰려오고 있습니다.
교단의 안정과 깊은 믿음으로 부처님의 가르침을 따르고자 하는 선남자와 선여인들을 위해서 대책을 논의하여야겠습니다.

가전연존자가 말을 마치자 모두 이구동성으로 가섭장로와 가전연존자의 의견에 찬성을 하였다.

수보리존자가 말을 이었다.

그러면 어떻게 대책을 논의하면 좋겠는지 각자의 의견을 내어봅시다.

부처님의 상수 제자들은 한참을 진지하고 차원 높은 논의와 토론에 시간을 아끼지 않았다.
얼마 후 과거 현재 미래의 모든 호법선신과 대중들이 최고의 찬사와 감탄을 자아내게 할 만한 방법을 내놓았다.

상수 제자들의 모임 후 가섭존자는 승가의 모든 대중을 모이게 하였다.
기원정사에 모인 사부대중은 그 수를 헤아릴 수 없이 인산인해를 이루고 있었다.

군중들은 석가모니부처님의 상수 제자인 가섭존자가 대중을 모이게 한다는 소식을 접하고, 모이는 이유를 몰라 삼삼오오 모여 웅성거리며 궁금해하고 있었다.

이때 가섭존자가 높은 단 위에 올라 비구 비구니 스님 우바새와 우바이 등의 사부대중을 향하여 말하였다.

사부대중 여러분!
우리는 그동안 부처님을 의지하며 너무도 행복하고 감격에 겨운 수행을 하며 생로병사의 괴로움에서 벗어날 수가 있었습니다. 하지만 이제 석가모니부처님께서는 육신을 거두고 빈열반에 드시있습니다. 우리 모두는 슬프고 좌절하였습니다.

하지만 여러분!
부처님께서는 "스스로를 등불로 삼고 부처님께서 설하

신 가르침을 등불로 삼으라 自燈明法燈明"고 말씀하셨습니다.

우리는 부처님을 따르는 수행자이고 부처님께서 45년간 설하신 가르침을 기억하고 있습니다. 우리 중에서 부처님의 가르침을 가장 잘 기억하고 이해하고 있는 수행자들을 추천받아 부처님께서 설하신 가르침을 정립하여 천년 만년 무량겁을 이어가기 위한 경전 결집을 하고자 합니다.

대중들께서는 탐내고, 성내고, 지혜롭지 못하여 괴로움에서 허덕이는 중생들을 안타깝게 여기시어 처음도 좋고, 중간도 좋고, 마지막도 좋은 불법을 잇기 위한 대작불사를 위하여 지극한 마음으로 추천하여 주시기 바랍니다.

가섭존자가 말을 마치자 대중들은 모두 주체할 수 없는 감동과 환희로움으로 뜨거운 눈물을 흘리며 가슴 벅차하였다.

그렇게 하여 가섭존자는 왕사성 부근의 칠엽굴에서 결집

을 하기로 했다. 결집에 필요한 물품과 지원은 아자타삿투왕이 맡기로 하였다.

부처님 곁에서 최고의 수행자로 칭송받던 대표 승려들을 대중들이 추천하여 오백 명의 스님들과 함께 결집을 위한 모든 준비가 이루어졌다.

그야말로 불교 교단이 정립되는 1차 결집의 대역사가 시작된 것이다.

아난은 부처님 곁에서 25년 동안 시봉을 하였다. 부처님께서 어디서 누구에게 어떤 가르침을 설했는지를 잘 알고 있었기 때문에 부처님의 가르침은 아난존자가 암송을 하기로 하였다.

아난존자는 대중들 앞에서 기억을 더듬어가며 부처님께서 말씀하신 대로 소리 내어 **"이와 같이 저는 들었습니다. 어느 때 부처님께서는······"** 육성취六成就에 맞추어 암송을 시작하였다.

칠엽굴에 모인 오백 명의 대덕 비구들은 아난의 기억이

맞는지를 확인하고 검증하였다. 잘못된 기억으로 암송을 하는 곳이 있으면 정정한 후 대중이 함께 외우고 또 암송하였다. 부처님께서 처음으로 법을 설하신 경위와 배경을 합송할 때는 부처님에 대한 그리움으로 잠시 정적의 시간을 보내기도 하였다.

계율은 우파리존자가 앞서 암송하면 칠엽굴에 있는 대중들 전원이 합송하였다.

이런 방식으로 부처님께서 설법하시던 시간과 장소와 누구와 함께 있었으며 어떠한 말씀이었는가를 세밀히 확인하였다. 또한 부처님의 말씀인지 아닌지를 즉시 공인公印한 후 공통되고도 일정한 형태로 결집을 이어갔다.
부처님의 가르침을 전승하기 위한 위법망구의 정신은 아난존자의 심신을 금강불괴와 같이 탄탄하게 하였다.

아난존자는 사백아흔아홉 분의 대덕 스님들 앞에서 부처님의 가르침을 선창하며 암송을 이어갔다.

"**부처님께서 코살라국 사위성의 기수급 고독원에서 덕이 높으신 수행자 천이백오십 인과 함께 생활하면서**

600권 반야부 경전을 설하셨습니다. 오늘은 대반야바라밀다경 제577권 중 제9분 금강반야바라밀 법회가 열리던 상황과 설하신 법문을 암송하겠습니다"라고 하며 선창을 하였다.

금강경의 사상四相

※ 아상·인상·중생상·수자상 : 무상無常과 고苦와 무아無我를 알지 못하여 참 나自我가 있다고 여기는 고정된 생각으로 규정한 아상自我의 관념과 그릇된 아상自我으로 인하여 규정된 인상生命觀, 중생상衆生觀, 수자상靈魂觀 등의 모든 관념相, 觀念
※ 인상·중생상·수자상은 아상의 또 다른 동의어이다.

- 아상我相ātman-saṃjñā

  참 나自我가 있다고 여기며 자아에 집착한 고정된 사고
- 인상人相

  개별적인 주체個我, 補特伽羅가 있다고 여기는 고정된 사고
- 중생상衆生相

  윤회하는 중생심衆生界에 안주하고자 하는 고정된 사고
- 수자상壽者相

  영원히 변하지 않는 영혼이 있다고 여기는 고정된 사고

  - 상相/산냐saṃjñā : 고정된 견해, 고정된 생각
  - 관념觀念 : 어떤 사물이나 현상에 관한 견해나 생각

※ 금강경의 사상아상·인상·중생상·수자상에 대한 보편적 견해

상相이라는 것은 우리들의 소견이나 인식, 또는 번뇌가 생각의 상태를 지나 고정관념으로 자신의 사고에 굳건하게 자리 잡고 있는 것을 말한다.

- 아상我相 : 주관적 사고로 나我를 집착하는 모든 생각과 행위
- 인상人相 : 나와 남을 차별하는 집착에서 비롯된 모든 의식
- 중생상衆生相 : 중생심에 집착한 열등의식
- 수자상壽者相 : 수명에 집착한 한계의식

금강경 사구게 四句偈

제1게송

"형상유위은 실체가 없는 것이니

형상이 참 모습이 아닌 줄 알게 된다면

곧 여래를 볼 것이니라." 5-3

凡所有相 皆是虛妄 若見諸相非相 卽見如來

제2게송

"형색에 집착하지 않으며

소리나 냄새나 맛이나 감촉이나

마음의 대상 등 그 어느 곳에도

머무는 바 없이 그 마음을 내어야 하느니라." 10-5

不應住色生心 不應住聲香味觸法生心 應無所住 而生其心

제3게송
"형상으로 나를 보려 하거나
음성으로 나를 찾는다면
이 사람은 잘못된 길로 나아가는 것이니
결코 여래를 보지 못하리라." 26-5

若以色見我 以音聲求我 是人行邪道 不能見如來

제4게송
화합하고 분리되고 형성되고 소멸하는
일체의 모든 유위법은 모두 꿈과 같고
허깨비와 같고 물거품과 같고 그림자와 같고
이슬과 같고 또 번개와 같은 것이니
이렇게 허망한 것으로 보아야 한다." 32-3

一切有爲法 如夢幻泡影 如露亦如電 應作如是觀

※ 사구게는 꼭 게송으로 된 구절만을 가리키는 것은 아니니 자신의 마음에 와 닿는 구절을 사구게로 삼으면 된다.

금강경 대의 大意

파이집破二執 : 두 가지 집착을 없애라

① '나라고 하는 존재'에 대한 집착 我執

② '나 이외의 존재'에 대한 집착 法執

집착의 근원

십팔경계 十八境界

육근六根 + 육경六境 = 집착 육식六識

육근六根 : 안근眼根 이근耳根 비근鼻根 설근舌根 신근身根 의근意根

육경六境 : 색경色境 성경聲境 향경香境 미경味境 촉경觸境 법경法境

육식六識 : 안식眼識 이식耳識 비식鼻識 설식舌識 신식身識 의식意識

① 안근 + 색경 = 안식 - 빛을 분별

② 이근 + 성경 = 이식 - 소리의 분별

③ 비근 + 향경 = 비식 - 냄새를 분별

④ 설근 + 미경 = 설식 - 맛의 분별

⑤ 신근 + 촉경 = 신식 - 촉각의 분별

⑥ 의근 + 법경 = 의식 - 의식의 분별

현삼공顯三空 - 세 가지 비움

① '나'도 공空하고

② '나 이외의 모든 것'도 공空하고

③ '나도 나 이외의 모든 것'도 공空하다.

사성제의 이해

사성제四聖諦 : 네 가지의 거룩한 진리

1. **고성제**苦聖諦 : 삶이 곧 괴로움苦의 성스러운 진리
- 사고팔고四苦八苦 : 생로병사, 애별리고, 원증회고, 구부득고 오음성고
- 고의삼성苦三性 : 세 가지 괴로움의 성질

(1) 고고성苦苦性 : 고통스런 괴로움의 성질
  육체적 아픔苦과 정신적 번민惱으로 인한 괴로움

㉮ 육체적 괴로움苦 : 육체의 아픔, 추움, 더움, 배고픔 등

㉯ 정신적 괴로움苦 : 불안, 번뇌, 스트레스 등

(2) 괴고성壞苦性 : 변화로 인한 괴로움의 성질
  병듦, 늙음, 죽음 등 변화로 인한 괴로움

(3) 행고성行苦性 : 형성된五取蘊 괴로움의 성질
  조건有爲法, 업으로 인하여 발생하는 과보의 괴로움

- 오취온五取蘊 : 생멸·변화하는 모든 것,
  즉 유위법有爲法을 구성하고 있는
  색色·수受·상想·행行·식識의 다섯 요소

2. 고집성제苦集聖諦 : 괴로움이 일어나는 원인의
　　　　　　　　　성스러운 진리

※ 갈애渴愛 : 모든 고苦의 원인, 모든 욕망의 원천

㉮ 욕애欲愛 : 눈, 귀, 코, 혀, 몸 다섯 가지의 감각적 욕망

㉯ 유애有愛 : 색계, 무색계를 갈구하는 욕망

㉰ 무유애無有愛 : 존재하지 않음에 대한 욕망

3. 고멸성제苦滅聖諦 : 괴로움의 소멸에 대한 성스러운 진리

※ 탐욕, 성냄, 어리석음이 완전하게 소멸한 경지

4. 고멸도성제苦滅道聖諦 : 괴로움을 없애는 여덟 가지
　　　　　　　　　　성스러운 진리八正道

삼귀의 오계 三歸依五戒 불자의 기본 계율

삼귀의계 三歸依戒

거룩한 부처님께 귀의합니다.

거룩한 가르침에 귀의합니다.

거룩한 승단에 귀의합니다.

오계 佛子五戒

1. 불살생 : 살생하지 않는다.
2. 불투도 : 도둑질을 하지 않는다.
3. 불사음 : 삿된 음행을 하지 않는다.
4. 불망어 : 거짓말을 하지 않는다.
5. 불음주 : 술을 먹지 않는다.

금강경 본문 - 용어 이해

ㄱ

가사 : 스님들이 승복상삼 위에 걸쳐 입는 밤색 천 조각. 여러 장의 천 조각을 이어 붙여서 만든다. 가사袈裟는 범어 카사야kasāya의 음역이다.

금강경 : 한역본의 본 제목은 《금강반야바라밀경金剛般若波羅蜜經》이고, 줄여서 《금강경》 또는 《금강반야경》이라고 한다.
산스크리트어 원전 제목은 Vajracchedikā Prajñāpāramitā Sūtra 바즈라체디카 프라즈나파라미타 수트라이며 부처님께서 사위성에슈라와스티 Śrāvastī 기원정사에세따와나 계실 때 승려와 불자들이 모인 가운데 설법한 가르침이다.

* **금강경 제목 해설**

1) 금강金剛다이아몬드Diamond : 세상에서 가장 단단한 것을 대표한 표현이며 '금강과 같은 강력한 지혜로 중생들의 어리석음을 깨트려 없앤다'는 뜻으로 사용된 용어이다.

2) 반야般若프라즈나Prajna : 관념과 사량 분별을 뛰어넘는 높고 깊은

지혜를 말한다.

3) 바라밀波羅蜜파라미타Paramita : 성취, 최상, 완성이라는 뜻이다. 저 언덕깨달음, 해탈, 열반을 건넌다는 의미로 도피안到彼岸이라 한다.

4) 경Sutra : 경전經, 길道

* **기수급고독원 / 기원정사**祇園精舍제따와나Jetavanā : 기수급고독원 / 기원정사는 부처님께서 19안거安居를 지낸 사찰로서 코살라국의 수도인 사위성에서 규모가 가장 큰 사찰이었다. 기원정사는 급고독 장자가 코살라국의 기타 태자의 소유였던 동산을 매입하여 건립하려 하였으나 동산의 주인이었던 기타 태자의 기부로 인하여 함께 건립한 최초의 사찰이란 의미로 기수급고독원이라고 하였다.

* **죽림정사**竹林精舍 : 불교 최초의 사원. 마가다국magadha의 수도였던 라자그라하의 부근에 있던 불교 최초의 사원. 붓다가 깨달음을 이루고 왕사성을 찾았을 때, 칼란다kalanda 장자가 붓다에게 기증한 죽림 동산에 빔비사라bimbisāra 왕이 건립하여 붓다에게 시주한 사찰

* **정사**精舍 : 산스크리트어 비하라vihāra僧院의 한역漢譯. 승려들이 모여 사는 곳. 승려들의 수행을 위한 실질적인 목적에 의해 생겨났으며 사찰, 절과 같은 의미로 기도, 법회 등의 종교의식을 하는 장소이다.

* **급고독장자**給孤獨아나타핀다카Anathapindika : 고독한 사람들에게 베푸는 사람이란 말로서 수다타장자須達多長子Sudatta라고도 한다.

* **안거**安居는 바르시카varsika(산스크리트어varṣa, 팔리어vassa)비雨라는 뜻에서 기원이 된 말로서 우기雨期를 뜻한다. 수행자승려들이 일정 기간 외출을 금하고 수행하는 제도이다.
부처님 당시의 수행자들은 우기가 있는 3개월 동안 동굴이나 사원에서 수행에만 전념했는데, 이를 우안거雨安居라 하였다.
한국에서는 음력 4월 15일에 시작하여 7월 15일에 마치는 하안거와夏安居 음력 10월 15일에 시작해서 이듬해 1월 15일에 마치는 동안거冬安居가 있다.
안거의 시작이나 안거가 진행 중일 때는 결제結制, 안거의 마침을 해제解制라고 한다.

* 1안거, 1하안거는 1년을 뜻한다.

구류중생九類衆生 : 사바세계의 모든 중생, 삼라만상에 존재하는 모든 생명체

1) 태생胎生 : 사람이나 소, 말 같이 태로 출생하는 생명체
2) 난생卵生 : 새나 닭과 같이 알에서 태어나는 생명체
3) 습생濕生 : 모기나 지렁이 등과 같이 습지에서 생겨나는 생명체

4) 화생化生 : 의탁 없이 홀연히 태어나는 존재 (천상, 지옥의 중생)

5) 유색有色 : 욕계慾界, 색계色界를 벗어나지 못한 중생

욕계慾界 : 식욕食慾, 음욕淫慾, 수면욕睡眠慾을 벗어나지 못한 세계

색계色界 : 욕계와 같은 탐욕은 없어졌으나, 물질적 조건에서 완전히 벗어나지는 못한 세계

6) 무색無色 : 형태가 없는 존재

정신적인 세계, 즉 무색천無色天 중생

7) 유상有想 : 생각이 있는 존재

번뇌의 상념을 가지고 있는 중생

8) 무상無想 : 생각이 없는 존재

번뇌는 없으나 완벽한 번뇌에서 벗어나지 못한 중생

9) 비유상비무상非有想非無想 : 생각을 가졌다고 할 수도 없고 갖지 않았다고도 할 수 없는 존재

✽ 혜능대사의 구류중생에 대한 해석

구류중생을 자신의 마음 바깥에서 제도하지 않고 마음 안에서 제도하게 되면 '이것이 있음으로 저것이 있고 이것이 사라짐으로 저것도 사라진다'는 연기의 법칙처럼 모두 함께 제도 되는 것이라 하였다.

갠지스강 : 인도 북부를 흐르는 길이 2,506km의 큰 강이다.

공양供養 : 감사와 존경의 뜻으로 음식이나 옷 등의 물품을 시주하는 것을 말하는데 공양 시간이 되자, 공양을 마치신 후의 금강경 제1분에 등장하는 공양의 의미는 음식을 먹는 행위를 표현한 것이다.

ㄴ

나유타 / 아승지 : 나유타는 10^{60}에 해당하고, 아승지 역시 10^{56}으로 사전적으로 표현하나 경전에서는 설명 불가한 큰 수를 의미한다.

아래 표는 경전에 등장하는 수와 수의 단위이다.

* **수의 단위**

	음수 명칭	양수 명칭
1	하나	하나
2	일 - 열 배 작은 : 할 割	일 - 열 배 큰 : 십 十
3	할 // // : 분(푼) 分	십 // // : 백 百
4	분 // // : 리 厘	백 // // : 천 千
5	리 // // : 모 毛	천 // // : 만 萬
6	모 // // : 사 絲	만 // // : 억 億
7	사 - 만 배 작은 : 홀 忽	억 - 만 배 큰 : 조 兆
8	홀 // // : 미 微	조 // // : 경 京

9	미	〃	〃 : 섬 纖	경	〃	〃	: 해 垓
10	섬	〃	〃 : 사 沙	해	〃	〃	: 자 秭
11	사	〃	〃 : 진 塵	자	〃	〃	: 양 穰
12	진	〃	〃 : 애 埃	양	〃	〃	: 구 溝
13	애	〃	〃 : 묘 渺	구	〃	〃	: 간 澗
14	묘	〃	〃 : 막 漠	간	〃	〃	: 정 正
15	막		: 모호 模湖	정	〃	〃	: 재 載
16	모호	〃	: 준순 浚巡	재	〃	〃	: 극 極
17	준순	〃	: 수유 須臾	극	〃		: 항하사 恒河沙
18	수유		: 순식 瞬息	항하사 〃			: 아승지 阿僧祇
19	순식		: 탄지 彈指	아승지 〃			: 나유타 那由他
20	탄지		: 찰라 刹那	나유타 〃			: 불가사량 不可思量
21	찰라	〃	: 육덕 六德	불가량 〃			: 무량대수 無量大數
22	육덕	〃	: 허공 虛空	무량대수의			: 겁 劫
23	허공	〃	: 청정 淸淨	겁 劫			

청정 淸淨　　　　　　　　**불가설불가설전** 不可說不可說轉

문자나 언어로는 더 이상 표현할 수 없는 단위

눈眼

- 육안 肉眼 : 육체의 눈
- 천안 天眼 : 하늘 사람의 눈
- 혜안 慧眼 : 지혜의 눈
- 법안 法眼 : 진리의 눈
- 불안 佛眼 : 부처의 눈

ㅁ

무위법無爲(無漏)法 : 유위의 대對가 되며, 형성되거나 소멸함이 없는 진리의 세계 - 열반涅槃

* **유위법**有爲(有漏)法 : 인연으로 말미암아 화합하거나 분리되어 형성되고 소멸하는 모든 현상 - 무상無相

무아無我 : 고정 불변하는 실체로서의 나眞我는 없다.

ㅂ

발우鉢盂 : 승려가 사용하는 밥그릇으로 응기應器, 응량기라고 한다.

보살菩薩 : 보리살타의 준말. 깨달음을 성취하기 위하여 노력하는 사람자리이타自利利他의 완성을 위하여 노력하는 사람

보살마하살菩薩摩訶薩 : 보살의 높임말로 보살마하살이라 한다.

* **마하살**摩訶薩 mahā-sattva은 음역으로 일체의 중생을 무여열반에無餘涅槃 들게 하는 자리이타自利利他의 원願을 세우고 깨달음을 추구하는 대승보살을 높여 부르는 표현이다.

ㅅ

사부대중四部大衆
비구스님, 비구니스님, 우바새, 우바이를 함께 일컫는 표현

* **비구**比丘 : 빠알리어 비쿠bhikkhu를 음역하여 비구라고 하며 구족계250계를 받고 수행에 전념하는 남자 스님

* **비구니**比丘尼 : 빠알리어 비쿠니bhikkhuni를 음역하여 비구니라고 하며 구족계348계를 받고 수행에 전념하는 여자 스님

* **우바새**優婆塞 : 세속에서 삼귀의 오계5계를 받고 부처님의 가르침을 따르는 남자 신도

* **우바이**優婆夷 : 세속에서 삼귀의 오계5계를 받고 부처님의 가르침을 따르는 여자 신도

사바세계娑婆世界 : 사바娑婆는 갖가지의 고통을 참고 견뎌야 하는 이 세상을 말하며, 또한 괴로움으로부터 벗어날 수 없는 세상을 말한다.

수기受記 : 다음 생來生에 부처가 되리라는 것을 미리 예시 받음

십대제자 十大弟子

1. 지혜제일 - 사리불존자
2. 신통제일 - 목건련존자
3. 두타제일 - 마하가섭존자

고행을 인내하며 엄격한 금욕 수행을 함

4. 해공제일 - 수보리존자

공空의 이치에 대하여 가장 깊게 이해를 하고 남과 대립하거나 다투는 일이 없어서 무쟁제일無諍第一, 남이 보지 않아도 수행을 게을리하지 않아서 은둔제일隱遁第一이라고 하였다.

5. 설법제일 - 부루나존자
6. 논의제일 - 마하가전연존자

부처님의 말씀을 명쾌하게 해석하고 상세하게 설명하는 데 탁월하였다.

7. 천안제일 - 아나율존자

부처님이 설법하는 자리에서 졸다가 지적을 받은 후 눈을 감지 않고 수행하다가, 눈에 병이 났고 마침내는 보지 못하게 되었다. 대신 천안天眼이 열려 천안제일이라 하였다.

8. 지계제일 - 우바리존자
9. 밀행제일 - 라훌라존자

남의 눈에 띄지 않아도 인욕忍辱과 계율 준수를 철저히 하였다.

10. 다문제일 - 아난존자
석가모니부처님의 사촌동생으로 부처님이 열반할 때까지 25년간 항상 가까이 모시면서 그의 가르침을 가장 많이 들었다.
1차 결집 때 가장 핵심적인 역할을 하였다. 불교경전 첫머리에 들어가는 '여시아문如是我聞, 이와 같이 저는 들었습니다'는 아난존자가 스스로를 지칭하는 표현이다.

삼십이상 팔십종호三十二相 八十種好 : 손바닥이나 발바닥에 수레바퀴 모양과 같은 손금 형태, 정수리가 상투처럼 나와 있는 모양, 미간에 흰 털이 나와서 오른쪽으로 돌아 뻗은 모양 등 부처의 신체를 갖추는 서른두 가지의 독특한 형상과 삼십이상三十二相에 부수하여 부처가 지니게 되는 여든 가지의 신체적 특징으로서, 즉 인간으로서 가장 완벽하게 갖춰진 신체적 조건을 말한다.

삼라만상森羅萬象 : 우주에 있는 온갖 사물과 현상

삼천대천세계三千大天世界 : 수미산이 세상의 중심이라고 여기는 불교적인 세계관으로서 욕계, 색계, 무색계에서 벗어나지 못한 중생들이 살고 있는 세계로 사천하가 일천 개가 모여서 소천세계를 이루고, 소천세계가 다시 일천 개가 모여서 중천세계를 이룬다. 여기에 또다시 중천세계가 일천 개 모여서 대천세계를 이룬다. 즉 소천,

중천, 대천 세계를 삼중으로 이루기 때문에 삼천대천세계라 한다.

삼계三界 : 인간의 사사로운 욕망을 벗어나지 못한 세계인 욕계와 욕망은 벗어났으나 형색은 벗어나지 못한 색계, 욕망과 형색은 벗어났으나 의식으로부터는 자유스럽지 못한 세계를 무색계라 하며, 이 세 곳을 삼계라고 한다.

① 욕계欲界

　탐욕, 성냄, 어리석음三毒心으로 이루어진 중생계

② 색계色界

　욕계는 벗어났으나 미진한 성냄이 있는 천상 세계

③ 무색계無色界

　육체와 물질의 속박을 완전히 벗어난 천상 세계

사천하四天下 : 수미산을 에워싸고 있는 구산팔해九山八海의 가장 바깥쪽에 있는 네 개의 대주大洲, 곧 남쪽의 섬부주贍部洲, 동쪽의 승신주勝神洲, 서쪽의 우타주牛陀洲, 북쪽의 구로주俱盧洲를 말한다.

선남자 선여인善男子 善女人 : 삼귀의 오계를 받고 부처님의 가르침을 믿고 따르는 세속의 일반 남녀신도在家佛子

성문사과聲聞四果 : 성인의 과위

성문聲聞은 부처님의 설법을 듣고 사성제四聖諦의 이치를 깨달아 공양을 받을 만한 성인의 과위에 오른 이를 말한다.

① 수다원須陀洹예류과預流果 : 성자의 흐름에 들어감
② 사다함斯陀含일래과一來果 : 욕계에 한 번만 태어남
③ 아나함阿那含불환과不還果 : 욕계에 태어나지 않음
④ 아라한阿羅漢 : 깨달음을 성취함解脫, 涅槃

십이연기十二緣起

① **무명**無明avijja은 무지無智를 말한다. 무명을 조건 짓는 원인은 사성제苦集滅道를 모르며, 출생 이전의 과거 생을 모르며, 죽음 이후 미래 생을 모르며, 과거와 미래를 같이 모르며, 12연기를 모르는 것이다.

무명의 반대는 팔정도八正道이다.

② **행**行sankhara : 행은 의도적 행위들, 몸의 의도적 행위, 말의 의도적 행위, 마음의 의도적 행위 등 조건 지어진 행위 등을 통틀어 사용하는 말로서 과거에 형성된 업을 말한다.

업 : 신身 · 구語 · 의意

③ **식**識vinnana은 알음알이로 눈의 알음알이, 귀의 알음알이, 코의 알음알이, 혀의 알음알이, 몸의 알음알이, 의意mano의 알음알이로서 오온五蘊의 다섯 번째 구성요소이다.

④ **명색**名色nama-rupa은 정신과 물질로서 느낌, 인식, 의도, 감각접촉, 주의를 정신이라 정의하고 네 가지 근본물질, 땅의 요소, 물의 요소, 불의 요소, 바람의 요소를 일컫는다.

⑤ **육입**六處sal-ayatana은 여섯 감각장소라고 하며 눈·귀·코·혀·몸 등의 오근五根과 의근意根을 말한다.

⑥ **촉**觸phassa은 형색, 소리, 냄새, 맛, 감촉, 법에 대한 감각접촉으로 육근六根·육경六境·육식六識의 화합이다.

⑦ **수**受vedana는 눈의 감각접촉에서 생긴 느낌, 귀의 감각접촉에서 생긴 느낌, 코의 감각접촉에서 생긴 느낌, 혀의 감각접촉에서 생긴 느낌, 몸의 감각접촉에서 생긴 느낌, 의意의 감각접촉에서 생긴 느낌, 이 여섯 기관에서 발생한 느낌을 이른다.

⑧ **애**愛tanha는 갈애라고 하며 형색에 대한 갈애, 소리에 대한 갈애, 냄새에 대한 갈애, 맛에 대한 갈애, 감촉에 대한 갈애, 법에 대한 갈애를 말한다.

⑨ **취**取upadana 취착은 감각적 욕망에 대한 취착, 견해에 대한 취착, 계율과 의례의식에 대한 취착, 자아의 교리에 대한 취착, 이 네 가지 취착을 이른다.

⑩ **유**有bhava 존재는 욕계의 존재, 색계의 존재, 무색계의 존재, 이 세 가지를 이른다.

⑪ **생**生jati 태어남은 이런저런 중생들의 무리로부터 이런저런 중생들의 태어남, 출생, 도래함, 생김, 탄생, 오온의 나타남, 감각장소를 획득함으로 정의된다. 존재와 태어남 사이에는 반드시 한 생이 개재됨으로 이해하면 된다.

⑫ **노사**老死jara-marana 늙음과 죽음은 이런저런 중생들의 무리 가운데서 이런저런 중생들의 늙음, 노쇠함, 부서짐치아, 희어짐머리털, 주름진 피부, 수명의 감소, 감각기능의 쇠퇴 - 이를 일러 늙음이라고 한다.

이런저런 중생들의 무리로부터 이런저런 중생들의 종말, 제거됨, 부서짐, 사라짐, 사망, 죽음, 서거, 오온의 부서짐, 시체를 안치함, 생명기능의 끊어짐 - 이를 일러 죽음이라 한다.

○

아누다라삼먁삼보리 : 가장 높고 바른 깨달음무상정등정각, 부처님이 깨달은 진리

연등부처님燃燈佛 : 석가모니부처님이 전생에 유동이라는 수행자이었을 때 미래세에 반드시 석가모니라는 부처가 될 것이라고 수기해 주었던 과거세의 부처님

육바라밀六波羅密
① 보시布施 : 남에게 베푸는 삶
② 지계持戒 : 오계五戒를 신행하는 삶
③ 인욕忍辱 : 화내지 않고 참는 삶
④ 정진精進 : 신행을 열심히 함
⑤ 선정禪定 : 정진을 열심히 함
⑥ 지혜智慧 : 지혜로운 삶을 삶

오계五戒 : 살생, 도둑, 사음, 망어, 음주를 하지 않음

육성취六成就
① 부처님의 가르침이 틀림없다는 신성취信成就
② 내가 직접 들었다는 문성취聞成就
③ 설법의 때를 명시하는 시성취時成就
④ 주재자가 부처님이었다는 주성취主成就
⑤ 설법한 장소를 밝히는 처성취處成就
⑥ 누가 들었는가를 밝히는 중성취衆成就

불교의 모든 경전은 공통적으로 서두에 이 여섯 가지 조건을 반드시 제시하고 있는데 이것을 통서通序라고 한다.

열반涅槃 : 열반은 산스크리트어 니르바나 nirvāna의 음역으로 취멸吹滅 · 적멸寂滅 · 멸도滅度 · 적寂으로 번역하며 반열반般涅槃 · 대반열반大般涅槃이라고도 한다. 열반은 타오르는 번뇌의 불길을 모두 소멸하여 생사生死의 윤회와 미혹에서 완전하게 벗어解脫나 깨달음菩提을 완성한 경지다.

일체법 : 무위법과 유위법

ㅈ

전륜성왕轉輪聖王 : 이상적인 군주상으로, 무력이 아닌 정법正法으로 통치하며 부처와 같은 신체적 조건과 군주에게 요구되는 모든 조건을 갖추고 있는 이상적인 군주

중생衆生 : 중생은 개인의 자유의지에 의해 살아가는 것이 아니라, 업력에 따라 어쩔 수 없이 끌려 다니는 존재이다.

중생은 **괴로움의 세계**娑婆世界**에서 벗어나지 못하는 삶, 여러 생**生**을 윤회하며 많은 연**緣**과 화합하는** 등의 의미이다.
비슷한 말 : 범부凡夫

* **범부**凡夫 : 번뇌에 얽매여 생사를 초월하지 못하는 사람

ㅌ

탁발托鉢Pindapa·ta : 탁발은 출가한 승려가 수행에 필요한 의식을 공양받기 위하여 재가 불자의 집을 찾아다니며 구걸하는 행위를 말하며 수행을 위한 두타행의 한 방법이기도 하다.

ㅍ

팔정도八正道

① 바른 견해정견正見samma-ditthi : 괴로움에 대한 지혜, 괴로움의 일어남에 대한 지혜, 괴로움의 소멸에 대한 지혜, 괴로움의 소멸로 인도하는 도道 닦음에 대한 지혜를 말한다. 사성제四聖諦

② 바른 사유정사유正思惟samma-sankappa : 자애慈, 연민悲, 더불어 기뻐함喜, 평온捨, 이 네 가지 거룩한 마음가짐四無量心을 가지는 것을 말한다.

③ 바른 말정어正語samma-vaca : 거짓말을 삼가고, 중상모략을 삼가고, 욕설을 삼가고, 잡담을 삼가는 것을 말한다.

④ 바른 행위정업正業samma-kammanta : 살생을 삼가고, 도둑질을 삼가고, 삿된 음행을 삼가는 것

⑤ 바른 생계정명正命samma-ajiva : 삿된 생계를 제거하고 바른 생계로 생명을 유지하는 것을 말한다.

⑥ 바른 정진정정진正精進samma-vayama : 아직 일어나지 않은 사악하고 해로운 법들을 일어나지 못하게 하기 위해서, 이미 일어난 사악하고 해로운 법들을 제거하기 위해서, 아직 일어나지 않은 유익한 법들을 일어나도록 하기 위해서, 이미 일어난 유익한 법들을 사라지지 않게 하고 증장시키기 위해서 열의를 생기게 하고 정진하고 힘을 내고 마음을 다잡고 애를 쓰는 것을 말한다.

⑦ 바른 마음 챙김정념正念samma-sati : 몸에서 몸을 관찰하고, 느낌에서 느낌을 관찰하고, 마음에서 마음을 관찰하고, 법에서 법을 관찰하면서 세상에 대한 욕심과 싫어하는 마음을 버리고 근면하게, 분명히 알아차리고 머무는 것을 말한다.

⑧ 바른 삼매정정正定samma-samadhi : 바른 삼매는 감각적 욕망이 극복되어 마음의 행복과 고요와 평화가 가득한 경지를 말한다.

1) 바른 견해로부터 바른 사유가 생겨나고
2) 바른 사유로부터 바른 말이 생겨나고
3) 바른 말로부터 바른 행위가 생겨나고
4) 바른 행위로부터 바른 생계가 생겨나고
5) 바른 생계로부터 바른 정진이 생겨나고

6) 바른 정진으로부터 바른 마음 챙김이 생겨나고

7) 바른 마음으로부터 바른 삼매가 생겨나고

8) 바른 삼매로부터 바른 지혜가 생겨나고

9) 바른 지혜로부터 바른 해탈이 생겨난다.

ㅎ

희유 希有 : 경이롭다, 흔하지 않고 드물다.

《의역 금강경》 본문에서는 - **거룩하고 자애로운, 존귀한**으로 의역하였다.

불경 편찬의 시기별 약식 연감

BC 624~544년경

석가모니부처님의 출현 : 이름은 싯다르타 고타마이고 불교의 교조이다. 석가는 부족의 명칭이고 모니는 성자라는 뜻이다.

BC 5~6세기 초기불교

부처님과 그의 직계 제자와 그 제자들의 가르침

부처님 입멸 후 100여 년 동안의 시기를 일컬으며 현존하는 빠알리 삼장에 전승되어 오는 5부 니까야로 구성된 경장經藏Sutta Piaka과 다섯 권의 율장律藏Vinaya Piaka, 일곱 권의 논장論藏Abhidhamma Piaka에 전승되어 오는 가르침을 초기불교라 한다.

남방의 상좌부에 전승되어 오는 니까야와 북방에서 한역되어 전승되어 오는 아함경이 초기불교의 경전에 속한다.

초기불교를 근본불교, 혹은 원시불교라고 칭하기도 하는데 근본불교란 부처님의 원음을 간직한 시기의 가르침이 근본임을 강조한 표현이다. 원시불교는 변형되기 이전의 원초적인 모습을 간직하고 있다는 표현도 있지만 제대로 발달하지 못한 시작 단계의 불교라는 뜻 또한 내포되어 있다.

근래에는 부처님 당시의 불교나 부처님의 영향력이 실질적으로 미치고 있던 시기에 의미를 두어 근본불교나 원시불교가 아닌 초기불교라고 칭함이 일반적인 흐름이다.

BC 5세기

1차 결집 부처님의 열반 직후 경經과 율律을 제정하여 경전과 계율을 암송으로 합송合誦하여 전승하였다. 라자가하 결집 또는 500결집이라 한다.

BC 4세기 383년경

2차 결집 붓다 입멸 후 100여 년경 10사事 논쟁論爭으로 인하여 결집이 결성되었다. 웨살리 결집 또는 700결집이라 한다. 2차 결집 이후 교단은 상좌부上座部와 대중부大衆部로 나뉘게 되는 근본 분열에 이어 약 100여 년간 계속 지말분열支末分裂이 진행되어 18~20개 부파로 나뉘게 된다. 이 시기를 부파불교 시대라 한다.

BC 3세기
3차 결집 불교경전의 문자화

부처님 열반 후 약 200년경 아쇼카왕阿育王 즉위 17년경의 주도로 파탈리푸트라華氏城 아육승가람阿育僧伽藍에서 1,000명의 비구가 모여서 결집1,000결집, 화씨성결집 1,000집법이라고도 한다.

부파불교의 산물로 생성된 논서들을 논장으로 제정하여 '삼장'을 구축하였고 이때부터 암송으로 구전되어 오던 가르침을 문자로 기록하기 시작하였다.

BC 1세기
대승불교와 상좌부 불교의 전승

상좌부 불교의 성립 - 빠알리어 삼장三藏 편찬 3차 결집 이후 빠알리어로 암송되던 상좌부의 빠알리어 삼장은 스리랑카로 전래되어 현존 상좌부 불교를 대표하는 빠알리어 삼장pāli大藏經을 구축하였다.

경經·율律·논論의 삼장三藏을 바구니에 보관했기 때문에 삼장三藏이라 한다. 장藏은 바구니라는 뜻이다.

반면 산스크리트어 계열의 대승불교는 AD 223~253년경 쿠샨Kushan 왕조의 카니슈카Kaniska 왕의 후원으로 카쉬미르에서 열린 제4차 결집 이후 빠알리어나 쁘라크리뜨

언어로 암송되다가 돈황 지역을 중심으로 인도 북부의 승려와 불교학자들에 의하여 천산 남로, 천산 북로를 통해 중국으로 전래되기 시작하였다.

이후 대승불교의 한역 역경은 대략 1,000여 년간 이어지게 되었고 현재 해인사에 소장되어 있는 팔만대장경은 이러한 경로를 통하여 이루어진 결과물이다.

빠알리어 삼장三藏
* 숫따 삐따까Sutta Piaka經藏
* 위나야 삐따까Vinaya Piaka律藏
* 아비담마 삐따까Abhidhamma Piaka論藏

빠알리어에는 성전이라는 뜻도 있어서, 빠알리어라는 말 자체가 삼장을 가리키기도 한다.

BC 1세기
상좌부 경전과 대승불교의 경전

상좌부를 상징하는 초기불교의 빠알리어 경전이 스리랑카를 통하여 전승된 것이라면 대승불교는 2차 결집 이후인 부파불교 시대부터 점차 생성되다가 3차 결집 무렵에 설법의 주체인 붓다의 가르침을 대승적으로 해석한 가르침이 왕성하게 번성하면서 대승 사상을 결집한 대승불교의 경전을 재정립하게 되었다.

이러한 배경으로 다양한 대승경전이 제작되었으며, 일반적으로《반야경》계통에 속하는 몇몇 경전은 이미 기원전에 제작되었고,《8천송 반야바라밀경》등은 1세기경에 제작된 것으로 알려져 있는데《대아미타경》은 이보다 이른 시기에 제작된 것으로 보고 있다.

지루가참 등이 2세기경에 이미 대승경전을 한역한 것을 보더라도 대승경전은 인도에서 매우 이른 시기에 유포되었음을 알 수 있다.
1세기 전후로 제작되었을 것으로 추정되는 경전은《도행반야경》,《반주삼매경》,《수능엄삼매경》등이 있고, 이보다 조금 늦은 것으로《금강경》,《유마경》,《열반경》,《승만경》,《화엄경》,《법화경》,《대명도경》과 같은 경전과 비교적 조금 후대에 제작된《능가경》등도 대표적인 대승경전에 속한다.

대승불교 : 붓다 열반 후 4~5백여 년이 경과한 기원전후에 인도에서는 대승불교라는 새로운 불교운동이 일어난다.

개인의 해탈만을 추구하는 부파불교에 대한 비판에서 대두되어 이후 교리의 이론적 해석에만 몰두한 나머지 대중들을 돌보는 것을 소홀히 하는 부파불교에 대한 비판, 보살 사상의 확산, 자타카 등의 불전 문학, 바라문교의 유신론적 흐름과 헬레니즘 문화 등이 영향을 주었다.

초기 대승불교는 독립 교단을 형성한 것이 아니라 기존 부파불교 교단 내에 대승불교의 가르침을 따르는 출가자가 섞여 사는 형태였다.

대승불교도들은 전통 부파 승가의 '성문'이라 불리는 출가자들을 비판했는데 성문들의 최종 목표는 아라한이 되는 것으로 고통받는 사람들과 그 고통을 함께 나누거나 중생 구제에는 적극적이지 않았다. 대승불교도들은 이러한 성문들의 태도를 비판하면서 이들이 신봉하는 가르침을 열등하고 작은 탈 것이라는 의미로 '소승'이라 불렀다.

'상구보리 하화중생', 즉 '위로는 깨달음을 구하고 아래로는 중생 교화'라는 서원 하에 대승불교도들은 맹렬하게 수행 정진하며 《금강반야경》, 《화엄경》, 《법화경》 등 새로운 대승경전을 성립시키며 다양한 가르침을 전개하였다.

기원전후

4차 결집 : 부처님 열반 후 약 400년경 건타라국乾陀羅國 카니슈카왕서기 73~103년의 후원으로《아비달마대비바사론》을 편집, 이를 제4차 결집이라 칭한다.

카슈미르Kaśmira의 환림사環林寺에서 결집하였으며 파르슈와Pārśva 존자가 빠알리어 삼장에 정통한 500명의 비구를 결집하여 30만頌 660만言 주석서인《아비달마비바사론》과 경전을 산스끄리트어 문자로 편집하였다.

이 책은 설일체유부의 근본 교학을 확립한《아비달마발지론》의 주석서로, 이 저작을 통해 불교의 교의가 완성되었다고 평가받고 있다.

중국의 불교 전래

AD 67년경 : 후한의 명제는 천축의 고승 가섭마등迦葉摩騰과 대월지국의 승려 축법란竺法蘭 스님을 관례에 의해 외무부 소속 관아인 홍려사鴻廬寺에 머물게 했다.

두 스님은 중국으로 올 때 불경과 불상을 싣고 왔던 백마를 기리기 위하여 숙소로 사용하였던 홍려사를 개조하여 중국 최초의 사찰인 백마사를 건립하였고 이곳에 머물면서 역경과 의식을 가르쳤다.

가섭마등과 축법란은 이곳에 머물며 42장경四十二章經을 한역하였는데 이것이 현존하는 중국 최초의 한역 불교경전이다.

AD 147년경

안세고安世高 : 중국 후한 시대의 상좌부 경전을 한역한 첫 역경가이며 승려였던 안세고는 지금의 이란 북부에 있었던 안식국의 왕자였다.

안식국 출신이기 때문에 성을 안이라 하였고 이름은 청, 자는 세고이다. 부왕이 죽은 뒤 숙부에게 왕위를 넘겨주고 출가하여 여러 나라를 유행하다가 동한 환제건화 초 147년에 낙양당시 동한의 수도에 와서 그 이듬해부터 영제 건녕 2년인 169년까지 22여 년간 《안반수의경》,《음지입경》,《십이인연》,《팔정도》 등 34부 40권 등을 한역하였다.

지루가참支婁迦讖 : 쿠샨제국 출신의 승려인 지루가참이 166년경 후한의 낙양으로 와서《반주삼매경》,《무량청정평등각경》,《도행반야경》,《수능엄삼매경》,《아축불국경》 등 14부일설에 따르면 23부의 경전을 번역하였으며 중국에 대승불교의 경전을 전한 최초의 승려이다.

AD 223년경 불교의족경 한역

4아함과 5부 니까야 : 한역 아함경에는 빠알리어 니까야 중 5부 쿳다까 니까야小部에 해당하는 한역 아함은 없다. 하지만 쿳다까 니까야에 속하는《법구경》이나《본생경》,《숫타니파타》의 일부가 오나라 지겸에 의해서《불교의족경佛敎義足經》으로 한역되어 있다.

니까야 빠알리어	디가 니까야	맛지마 니까야	상윳따 니까야	앙굿따라 니까야	쿳다까 니까야
4아함 한역	장아함 장부	중아함 중부	잡아함 상응부	증일아함 증지부	불교 의족경

한국의 불교 전래와 불교사적 기록

AD 372년경 고구려 불교 수용

고구려 17대왕 소수림왕 14년 372년 전진前秦의 승려 순도화상이 외교사절과 함께 불상과 경전을 가지고 왔으며 374년에 아도화상이 불교를 전래했다.

AD 384년경 백제 불교 수용

백제 침류왕 원년 동진東晉의 마라난타에 의해 불교가 수용되었다.

AD 410년경 구마라집 대승경전 한역

대승경전인 산스끄리트어 경전을 한문으로 역경하였다.

구마라집 343~413년 : 경장·율장·논장 등 삼장에 정통한 승려

AD 520년경 달마대사 중국 진출

남인도 출신의 승려로 중국 선종의 초조이며 혜가대사에게 전법하여 선맥을 잇게 하였다.

불심천자佛心天子라 불리던 양梁나라의 황제인 무제와 만나 선한 행위를 쌓는 것만으로는 구원에 이를 수 없다고 하였다.

AD 572년경 이차돈 성사 순교

신라 법흥왕 14년 이차돈 성사의 순교를 계기로 불교를 수용하게 되었으며 흥륜사를 지어 일반 백성들도 출가하여 승려가 되는 것을 허락했다.

AD 550년경 오시팔교

천태종 종조인 천태지의대사가 부처님의 설법 시기를 오시팔교五時八敎로 정립하였다.

AD 602~664년 현장법사

당나라 초기 고승이자 번역가며 서유기의 주인공인 현장법사가 대승경전을 한역으로 역경하였다.

경장經藏 · 율장律藏 · 논장論藏에 통달하여 삼장법사三藏法師라 한다.

AD 617~686년 원효대사
625~702년 의상대사

AD 638~713년 혜능대사

당나라의 혜능대사는 선종禪宗의 제6조이자 남종선南宗禪의 시조이나. 일반적으로 6조대사 또는 조계대사라고 한다. 대감선사는 시호이다.

AD 704~787년 왕오천축국전

둔황에서 발굴된《왕오천축국전》을 저술한 신라의 승려인 혜초는 일찍 당으로 건너가 광저우에서 남인도 출신의 승려인 금강지 대사에게 출가하여 밀교를 배웠다.
《왕오천축국전》은 인도뿐만 아니라 지금의 파키스탄, 아프가니스탄, 이란, 터키, 러시아 등 6개국을 직접 다니면서 쓴 여행기로서 1908년 프랑스의 폴 페리오가 둔황의 막고굴에서 발견하였다.

1237~1248년 팔만대장경 조성

현재 해인사에 소장되어 있는 국보 제32호《팔만대장경》은 초조대장경初雕大藏經이 몽골군의 침입으로 1232년 불에 소실되자 당시 무신정권의 최고 권력자였던 최우가 대장도감을 설치하고 16년 만인 1251년 9월 25일에 팔만대경판의 조성을 완료하였다.

1941년 남전대장경 간행 - 일본

19세기 전반에 영국이 스리랑카를 지배하면서 빠알리어 삼장이 유럽에 알려지게 되었고 1881년에 T. W. 리쓰 데이비스Rhys Davids가 런던에 설립한 빠알리성전협회Pali Text Society에 의해 영역본으로 간행되었다.

《남전대장경》은 이 간행본을 저본으로 1941년에 65권 70책으로 일역日譯되었다.

1974년 숫타니파타 출간

초기 경전인 《숫타니파타》는 1917년에 일본의 불교학자인 다치하나 쥰도우 박사를 시작으로 1939년 미즈노 고갱水野弘元, 나카무라 하지메中村元 박사의 학술적 연구로 1958년에 일본어로 출간되었고 나카무라 하지메 박사의 일역본日譯本을 법정스님法頂譯, 1974 정음사과 운학스님雲學譯, 1980 凡友社에 의해 한글본이 출판되었다.

2005년 빠알리어대장경 출간

2005년부터 초기불전연구원2002년 설립에서 각묵스님과 대림스님에 의해 《디가니까야장부》 3권, 《앙굿따라니까야증지부》 6권, 《상윳따니까야상응부》 4권, 《맛지마니까야중부》 4권을 완역하였으며, 이 외에도 《아비담마길라잡이》, 《청정도론》, 《대반열반경》, 《초기불교이해》, 《초기불교입문》, 《이띠웃따까》 등 초기불교 교학과 논서들을 번역 출간하였으며 한국빠알리성전협회 전재성 박사에 의해서도 빠알리대장경이 완역되었으며 또한 빠알리 율장인 《비나야빠따까》뿐만 아니라 《우다나》, 《숫타니파타》등등의 초기불교 경전을 활발하게 번역하고 있다. 현재 초기불전연구원과 한국빠알리성전협회는 한국의 대승불교1,700년 역사에 초기 불교경전 역경에 큰 획을 긋고 있다 하겠다.

조계종 표준 한글 금강경

金剛般若波羅蜜經
금강반야바라밀경
확고한 지혜의 완성에 이르는 길

姚秦 天竺三藏 鳩摩羅什 譯
요진 천축삼장 구마라십 역
대한불교조계종 교육원 옮김

【1】法會因由分   **법회의 인연**
　　법회인유분

이와 같이 나는 들었습니다. 어느 때 부처님께서 거룩한 비구 천이백오십 명과 함께 사위국 기수급고독원에 계셨습니다. 그때 세존께서는 공양 때가 되어 가사를 입고 발우를 들고 걸식하고자 사위대성에 들어가셨습니다. 성 안에서 차례로 걸식하신 후 본래의 처소로 돌아와 공양을 드신 뒤 가사와 발우를 거두고 발을 씻으신 다음 자리를 펴고 앉으셨습니다.

【2】善現起請分
선 현 기 청 분

수보리가 법을 물음

그때 대중 가운데 있던 수보리 장로가 자리에서 일어나 오른쪽 어깨를 드러내고 오른 무릎을 땅에 대며 합장하고 공손히 부처님께 여쭈었습니다.

"경이롭습니다, 세존이시여! 여래께서는 보살들을 잘 보호해 주시며 보살들을 잘 격려해 주십니다. 세존이시여! 가장 높고 바른 깨달음을 얻고자 하는 선남자 선여인이 어떻게 살아야 하며 어떻게 그 마음을 다스려야 합니까?"

부처님께서 말씀하셨습니다.

"훌륭하고 훌륭하다. 수보리여! 그대의 말과 같이 여래는 보살들을 잘 보호해 주며 보살들을 잘 격려해 준다. 그대는 자세히 들어라. 그대에게 설하리라. 가장 높고 바른 깨달음을 얻고자 하는 선남자 선여인은 이와 같이 살아야 하며 이와 같이 그 마음을 다스려야 한다."

"예, 세존이시여!"라고 하며 수보리는 즐거이 듣고자 하였습니다.

【3】 大乘正宗分
대승정종분
대승의 근본 뜻

부처님께서 수보리에게 말씀하셨습니다.

"모든 보살마하살은 다음과 같이 그 마음을 다스려야 한다. 알에서 태어난 것이나, 태에서 태어난 것이나, 습기에서 태어난 것이나, 변화하여 태어난 것이나, 형상이 있는 것이나, 형상이 없는 것이나, 생각이 있는 것이나, 생각이 없는 것이나, 생각이 있는 것도 아니고 없는 것도 아닌 온갖 중생들을 내가 모두 완전한 열반에 들게 하리라. 이와 같이 헤아릴 수 없이 많은 중생을 열반에 들게 하였으나, 실제로는 완전한 열반을 얻은 중생이 아무도 없다. 왜냐하면 수보리여! 보살에게 자아가 있다는 관념, 개아가 있다는 관념, 중생이 있다는 관념, 영혼이 있다는 관념이 있다면 보살이 아니기 때문이다."

【4】 妙行無住分 묘행무주분　　　　집착 없는 보시

"또한 수보리여! 보살은 어떤 대상에도 집착 없이 보시해야 한다. 말하자면 형색에 집착 없이 보시해야 하며 소리, 냄새, 맛, 감촉, 마음의 대상에도 집착 없이 보시해야 한다. 수보리여! 보살은 이와 같이 보시하되 어떤 대상에 대한 관념에도 집착하지 않아야 한다. 왜냐하면 보살이 대상에 대한 관념에 집착 없이 보시한다면 그 복덕은 헤아릴 수 없기 때문이다. 수보리여! 그대 생각은 어떠한가? 동쪽 허공을 헤아릴 수 있겠는가?"

"없습니다, 세존이시여!"

"수보리여! 남서북방, 사이사이, 아래위 허공을 헤아릴 수 있겠는가?"

"없습니다, 세존이시여!"

"수보리여! 보살이 대상에 대한 관념에 집착하지 않고 보시하는 복덕도 이와 같이 헤아릴 수 없다. 수보리여! 보살은 반드시 가르친 대로 살아야 한다."

【5】如理實見分
여리실견분

여래의 참 모습

"수보리여! 그대 생각은 어떠한가? 신체적 특징을 가지고 여래라고 볼 수 있는가?"

"없습니다, 세존이시여! 신체적 특징을 가지고 여래라고 볼 수는 없습니다. 왜냐하면 여래께서 말씀하신 신체적 특징은 바로 신체적 특징이 아니기 때문입니다."

부처님께서 수보리에게 말씀하셨습니다.

"신체적 특징들은 모두 헛된 것이니 신체적 특징이 신체적 특징 아님을 본다면 바로 여래를 보리라."

【6】正信希有分
정신희유분

깊은 믿음

수보리가 부처님께 여쭈었습니다.

"세존이시여! 이와 같은 말씀을 듣고 진실한 믿음을 내는 중생들이 있겠습니까?"

부처님께서 수보리에게 말씀하셨습니다.

"그런 말 하지 말라. 여래가 열반에 든 오백 년 뒤에도 계를 지니고 복덕을 닦는 이는 이러한 말에 신심을 낼 수 있고 이것을 진실한 말로 여길 것이다. 이 사람은 한 부처님이나 두 부처님, 서너 다섯 부처님께 선근을 심었을 뿐만 아니라 이미 한량없는 부처님 처소에서 여러 가지 선근을 심었으므로 이 말씀을 듣고 잠깐이라도 청정한 믿음을 내는 자임을 알아야 한다. 수보리여! 여래는 이러한 중생들이 이와 같이 한량없는 복덕 얻음을 다 알고 다 본다.

왜냐하면 이러한 중생들은 다시는 자아가 있다는 관념, 개아가 있다는 관념, 중생이 있다는 관념, 영혼이 있다는 관념이 없고, 법이라는 관념이 없으며 법이 아니라는 관념도 없기 때문이다. 왜냐하면 이러한 중생들이 마음에 관념을 가지면 자아·개아·중생·영혼에 집착하는 것이고 법이라는 관념을 가지면 자아·개아·중생·영혼에 집착하는 것이기 때문이다.

왜냐하면 법이 아니라는 관념을 가져도 자아·개아·중생·영혼에 집착하는 것이기 때문이다. 그러므로 법에 집착해도 안 되고 법 아닌 것에 집착해서도 안 된다. 그러기에 여래는 늘 설했다. 너희 비구들이여! 나의 설법은 뗏목과 같은 줄 알아라. 법도 버려야 하거늘 하물며 법 아닌 것이랴!"

【7】 無得無說分 (무득무설분)   깨침과 설법이 없음

"수보리여! 그대 생각은 어떠한가? 여래가 가장 높고 바른 깨달음을 얻었는가? 여래가 설한 법이 있는가?"

수보리가 대답하였습니다.

"제가 부처님께서 말씀하신 뜻을 이해하기로는 가장 높고 바른 깨달음이라 할 만한 정해진 법이 없고, 또한 여래께서 설한 단정적인 법도 없습니다. 왜냐하면 여래께서 설한 법은 모두 얻을 수도 없고 설할 수도 없으며, 법도 아니고 법 아님도 아니기 때문입니다. 그것은 모든 성현들이 다 무위법 속에서 차이가 있는 까닭입니다."

【8】依法出生分
의 법 출 생 분

부처와 깨달음의 어머니, 금강경

"수보리여! 그대 생각은 어떠한가? 어떤 사람이 삼천대천세계에 칠보를 가득 채워 보시한다면 이 사람의 복덕이 진정 많겠는가?"

수보리가 대답하였습니다.

"매우 많습니다, 세존이시여! 왜냐하면 이 복덕은 바로 복덕의 본질이 아닌 까닭에 여래께서는 복덕이 많다고 하셨기 때문입니다."

"다시 어떤 사람이 이 경의 사구게만이라도 받고 지니고 다른 사람을 위해 설해 준다고 하자. 그러면 이 복이 저 복보다 더 뛰어나다. 왜냐하면 수보리여! 모든 부처님과 모든 부처님의 가장 높고 바른 깨달음의 법은 다 이 경에서 나왔기 때문이다. 수보리여! 부처의 가르침이라고 말하는 것은 부처의 가르침이 아니다."

【9】一相無相分 (일상무상분)　　관념과 그 관념의 부정

"수보리여! 그대 생각은 어떠한가? 수다원이 '나는 수다원과를 얻었다'고 생각하겠는가?"

수보리가 대답하였습니다.

"아닙니다, 세존이시여! 왜냐하면 수다원은 '성자의 흐름에 든 자'라고 불리지만 들어간 곳이 없으니 형색, 소리, 냄새, 맛, 감촉, 마음의 대상에 들어가지 않는 것을 수다원이라 하기 때문입니다."

"수보리여! 그대 생각은 어떠한가? 사다함이 '나는 사다함과를 얻었다'고 생각하겠는가?"

수보리가 대답하였습니다.

"아닙니다, 세존이시여! 왜냐하면 사다함은 '한 번만 돌아올 자'라고 불리지만 실로 돌아옴이 없는 것을 사다함이라 하기 때문입니다."

"수보리여! 그대 생각은 어떠한가? 아나함이 '나는 아나함과를 얻었다'고 생각하겠는가?"

수보리가 대답하였습니다.

"아닙니다, 세존이시여! 왜냐하면 아나함은 '되돌아오지 않는 자'라고 불리지만 실로 되돌아오지 않음이 없는 것을 아나함이라 하기 때문입니다."

"수보리여! 그대 생각은 어떠한가? 아라한이 '나는 아라한의 경지를 얻었다'고 생각하겠는가?"

수보리가 대답하였습니다.

"아닙니다, 세존이시여! 왜냐하면 실제 아라한이라 할 만한 법이 없기 때문입니다. 세존이시여! 아라한이 '나는 아라한의 경지를 얻었다'고 생각한다면 자아·개아·중생·영혼에 집착하는 것입니다. 세존이시여! 부처님께서 저를 다툼 없는 삼매를 얻은 사람 가운데 제일이고 욕망을 여읜 제일가는 아라한이라고 말씀하셨습니다.

저는 '나는 욕망을 여읜 아라한이다'라고 생각하지 않습니다. 세존이시여! 제가 '나는 아라한의 경지를 얻었다'고 생각한다면 세존께서는 '수보리는 적정행을 즐기는 사람이다. 수보리는 실로 적정행을 한 것이 없으므로 수보리는 적정행을 즐긴다고 말한다'라고 설하지 않으셨을 것입니다."

【10】 莊嚴淨土分 (장엄정토분) — 불국토의 장엄

부처님께서 수보리에게 말씀하셨습니다.

"그대 생각은 어떠한가? 여래가 옛적에 연등부처님 처소에서 법을 얻은 것이 있는가?"

"없습니다, 세존이시여! 여래께서 연등부처님 처소에서 실제로 법을 얻은 것이 없습니다."

"수보리여! 그대 생각은 어떠한가? 보살이 불국토를 아름답게 꾸미는가?"

"아닙니다, 세존이시여! 왜냐하면 불국토를 아름답게 꾸민다는 것은 아름답게 꾸미는 것이 아니므로 아름답게 꾸민다고 말하기 때문입니다."

"그러므로 수보리여! 모든 보살마하살은 이와 같이 깨끗한 마음을 내어야 한다. 형색에 집착하지 않고 마음을 내어야 하고 소리, 냄새, 맛, 감촉, 마음의 대상에도 집착하지 않고 마음을 내어야 한다. 마땅히 집착 없이 그 마음을 내어야 한다. 수보리여! 어떤 사람의 몸이 산들의 왕 수미산만큼 크다면 그대 생각은 어떠한가? 그 몸이 크다고 하겠는가?"

수보리가 대답하였습니다.

"매우 큽니다, 세존이시여! 왜냐하면 부처님께서는 몸 아님을 설하셨으므로 큰 몸이라 말씀하셨기 때문입니다."

【11】無爲福勝分   무위법의 뛰어난 복덕
무 위 복 승 분

"수보리여! 항하의 모래 수만큼 항하가 있다면 그대 생각

은 어떠한가? 이 모든 항하의 모래 수는 진정 많다고 하겠는가?"

수보리가 대답하였습니다.

"매우 많습니다, 세존이시여! 항하들만 해도 헤아릴 수 없이 많은데 하물며 그것의 모래이겠습니까?"

"수보리여! 내가 지금 진실한 말로 그대에게 말한다. 선남자 선여인이 그 항하 모래 수만큼의 삼천대천세계에 칠보를 가득 채워 보시한다면 그 복덕이 많겠는가?"

수보리가 대답하였습니다.

"매우 많습니다, 세존이시여!"

부처님께서 수보리에게 말씀하셨습니다.

"선남자 선여인이 이 경의 사구게만이라도 받고 지니고 다른 사람을 위해 설해 준다면 이 복이 저 복보다 더 뛰어나다."

【12】尊重正教分
존중정교분
올바른 가르침의 존중

"또한 수보리여! 이 경의 사구게만이라도 설해지는 곳곳마다 어디든지 모든 세상의 천신·인간·아수라가 마땅히 공양할 부처님의 탑묘임을 알아야 한다. 하물며 이 경 전체를 받고 지니고 읽고 외우는 사람이랴!

수보리여! 이 사람은 가장 높고 가장 경이로운 법을 성취할 것임을 알아야 한다. 이와 같이 경전이 있는 곳은 부처님과 존경받는 제자들이 계시는 곳이다."

【13】如法受持分
여법수지분
이 경을 수지하는 방법

그때 수보리가 부처님께 여쭈었습니다.

"세존이시여! 이 경을 무엇이라 불러야 하며 저희들이 어떻게 받들어 지녀야 합니까?"

부처님께서 수보리에게 말씀하셨습니다.

"이 경의 이름은 '금강반야바라밀'이니, 이 제목으로 너희들은 받들어 지녀야 한다. 그것은 수보리여! 여래는 반야바라밀을 반야바라밀이 아니라 설하였으므로 반야바라밀이라 말한 까닭이다. 수보리여! 그대 생각은 어떠한가? 여래가 설한 법이 있는가?"

수보리가 부처님께 말씀드렸습니다.

"세존이시여! 여래께서는 설하신 법이 없습니다."

"수보리여! 그대 생각은 어떠한가? 삼천대천세계를 이루고 있는 티끌이 많다고 하겠는가?"

수보리가 대답하였습니다.

"매우 많습니다, 세존이시여!"

"수보리여! 여래는 티끌들을 티끌이 아니라고 설하였으므로 티끌이라 말한다. 여래는 세계를 세계가 아니라고 설하였으므로 세계라고 말한다. 수보리여! 그대 생각은 어떠한가? 서른두 가지 신체적 특징을 가지고 여래라고 볼 수 있는가?"

"없습니다, 세존이시여! 서른두 가지 신체적 특징을 가지고 여래라고 볼 수는 없습니다. 왜냐하면 여래께서는 서른두 가지 신체적 특징은 신체적 특징이 아니라고 설하셨으므로 서른두 가지 신체적 특징이라고 말씀하셨기 때문입니다."

"수보리여! 어떤 선남자 선여인이 항하의 모래 수만큼 목숨을 보시한다고 하자. 또 어떤 사람이 이 경의 사구게만이라도 받고 지니고 다른 사람을 위해 설해 준다고 하자. 그러면 이 복이 저 복보다 더욱 많으리라."

【14】離相寂滅分   관념을 떠난 열반
이 상 적 멸 분

그때 수보리가 이 경 설하심을 듣고 뜻을 깊이 이해하여 감격의 눈물을 흘리며 부처님께 말씀드렸습니다.

"경이롭습니다, 세존이시여! 제가 지금까지 얻은 혜안으로는 부처님께서 이같이 깊이 있는 경전 설하심을 들은 적이 없습니다. 세존이시여! 만일 어떤 사람이 이 경을 듣고 믿음이 청정해지면 바로 궁극적 지혜가 일어날 것이니, 이 사람은 가장 경이로운 공덕을 성취할 것임을 알아야 합니다.

세존이시여! 이 궁극적 지혜라는 것은 궁극적 지혜가 아닌 까닭에 여래께서는 궁극적 지혜라고 말씀하셨습니다. 세존이시여! 제가 지금 이 같은 경전을 듣고서 믿고 이해하고 받고 지니기는 어렵지 않습니다. 그러나 미래 오백 년 뒤에도 어떤 중생이 이 경전을 듣고 믿고 이해하고 받고 지닌다면 이 사람은 가장 경이로울 것입니다.

왜냐하면 이 사람은 자아가 있다는 관념, 개아가 있다는 관념, 중생이 있다는 관념, 영혼이 있다는 관념이 없기 때문입니다. 그것은 자아가 있다는 관념은 관념이 아니며, 개아가 있다는 관념, 중생이 있다는 관념, 영혼이 있다는 관념은 관념이 아닌 까닭입니다.

왜냐하면 모든 관념을 떠난 이를 부처님이라 말하기 때문입니다."

부처님께서 수보리에게 말씀하셨습니다.

"그렇다, 그렇다. 만일 어떤 사람이 이 경을 듣고 놀라지도 않고 무서워하지도 않고 두려워하지도 않는다면 이 사람은 매우 경이로운 줄 알아야 한다. 왜냐하면 수보리여! 여래는 최고의 바라밀을 최고의 바라밀이 아니라고 설하였으므로 최고의 바라밀이라 말하기 때문이다.

수보리여! 인욕바라밀을 여래는 인욕바라밀이 아니라고 설하였다.

왜냐하면 수보리여! 내가 옛적에 가리왕에게 온 몸을 마디마디 잘렸을 때, 나는 자아가 있다는 관념, 개아가 있다는 관념, 중생이 있다는 관념, 영혼이 있다는 관념이 없었기 때문이다.

왜냐하면 내가 옛날 마디마디 사지가 잘렸을 때, 자아가 있다는 관념, 개아가 있다는 관념, 중생이 있다는 관념, 영혼이 있다는 관념이 있었다면 성내고 원망하는 마음이 생겼을 것이기 때문이다.

수보리여! 여래는 과거 오백 생 동안 인욕수행자였는데 그때 자아가 있다는 관념이 없었고, 개아가 있다는 관념이 없었고, 중생이 있다는 관념이 없었고, 영혼이 있다는 관념이 없었다.

그러므로 수보리여! 보살은 모든 관념을 떠나 가장 높고 바른 깨달음의 마음을 내어야 한다. 형색에 집착 없이 마음을 내어야 하며 소리, 냄새, 맛, 감촉, 마음의 대상에도 집착 없이 마음을 내어야 한다. 마땅히 집착 없이 마음을 내어야 한다. 마음에 집착이 있다면 그것은 올바른 삶이 아니다.

그러므로 보살은 형색에 집착 없는 마음으로 보시해야 한다고 여래는 설하였다. 수보리여! 보살은 모든 중생을 이롭게 하기 위해 이와 같이 보시해야 한다. 여래는 모든 중생이란 관념은 중생이란 관념이 아니라고 설하고, 또 모든 중생도 중생이 아니라고 설한다.

수보리여! 여래는 바른 말을 하는 이고, 참된 말을 하는 이며, 이치에 맞는 말을 하는 이고, 속임 없이 말하는 이며, 사실대로 말하는 이다. 수보리여! 여래가 얻은 법에는 진실도 없고 거짓도 없다. 수보리여! 보살이 대상에 집착하는 마음으로 보시하는 것은 마치 사람이 어둠 속에 들어가면 아무것도 볼 수 없는 것과 같고 보살이 대상에 집착하지 않는 마음으로 보시하는 것은 마치 눈 있는 사람에게 햇빛이 밝게 비치면 갖가지 모양을 볼 수 있는 것과 같다.

수보리여! 미래에 선남자 선여인이 이 경전을 받고 지니고 읽고 외운다면 여래는 부처의 지혜로 이 사람들이 모두 한량없는 공덕을 성취하게 될 것임을 다 알고 다 본다."

【15】持經功德分 (지경공덕분)   경을 수지하는 공덕

"수보리여! 선남자 선여인이 아침나절에 항하의 모래 수만큼 몸을 보시하고 점심나절에 항하의 모래 수만큼 몸을 보시하며 저녁나절에 항하의 모래 수만큼 몸을 보시하여, 이와 같이 한량없는 시간 동안 몸을 보시한다고 하자.

또 어떤 사람이 이 경의 말씀을 듣고 비방하지 않고 믿는다고 하자. 그러면 이 복은 저 복보다 더 뛰어나다. 하물며 이 경전을 베껴 쓰고 받고 지니고 읽고 외우고 다른 이를 위해 설명해 줌이랴!

수보리여! 간단하게 말하면 이 경에는 생각할 수도 없고 헤아릴 수도 없는 한없는 공덕이 있다. 여래는 대승에 나아가는 이를 위해 설하며 최상승에 나아가는 이를 위해 설한다.

어떤 사람이 이 경을 받고 지니고 읽고 외워 널리 다른 사람을 위해 설해 준다면 여래는 이 사람들이 헤아릴 수 없고 말할 수 없으며 한없고 생각할 수 없는 공덕을 성취할 것임을 다 알고 다 본다. 이와 같은 사람들은 여래의 가장 높고 바른 깨달음을 감당하게 될 것이다.

왜냐하면 수보리여! 소승법을 좋아하는 자가 자아가 있다는 견해, 개아가 있다는 견해, 중생이 있다는 견해, 영혼이 있다는 견해에 집착한다면 이 경을 듣고 받고 읽고 외우며 다른 사람을 위해 설명해 주지 못하기 때문이다.
수보리여! 이 경전이 있는 곳은 어디든지 모든 세상의 천신·인간·아수라들에게 공양을 받을 것이다. 이곳은 바로 탑이 되리니 모두가 공경하고 예배하고 돌면서 그곳에 여러 가지 꽃과 향을 뿌릴 것임을 알아야 한다."

【16】 能淨業障分
능정업장분

업장을 맑히는 공덕

"또한 수보리여! 이 경을 받고 지니고 읽고 외우는 선남자 선여인이 남에게 천대와 멸시를 당한다면 이 사람이 전생에 지은 죄업으로는 악도에 떨어져야 마땅하겠지만, 금생에 다른 사람의 천대와 멸시를 받았기 때문에 전생의 죄업이 소멸되고 반드시 가장 높고 바른 깨달음을 얻게 될 것이다.
수보리여! 나는 연등부처님을 만나기 전 과거 한량없는 아승기겁 동안 팔백 사천 만억 나유타의 여러 부처님을 만나 모두 공양하고 받들어 섬기며 그냥 지나친 적이 없었음을 기억한다.
만일 어떤 사람이 정법이 쇠퇴할 때 이 경을 잘 받고 지니고 읽고 외워서 얻은 공덕에 비하면, 내가 여러 부처님께 공양한 공덕은 백에 하나에도 미치지 못하고 천에 하나 만에 하나 억에 하나에도 미치지 못하며 더 나아가서 어떤 셈이나 비유로도 미치지 못한다.

수보리여! 선남자 선여인이 정법이 쇠퇴할 때 이 경을 받고 지니고 읽고 외워서 얻는 공덕을 내가 자세히 말한다면, 아마도 이 말을 듣는 이는 마음이 어지러워서 의심하고 믿지 않을 것이다. 수보리여! 이 경은 뜻이 불가사의하며 그 과보도 불가사의함을 알아야 한다."

【17】究竟無我分 　　　　　궁극의 가르침, 무아
구 경 무 아 분

그때 수보리가 부처님께 여쭈었습니다.

"세존이시여! 가장 높고 바른 깨달음을 얻고자 하는 선남자 선여인은 어떻게 살아야 하며 어떻게 그 마음을 다스려야 합니까?"

부처님께서 수보리에게 말씀하셨습니다.

"가장 높고 바른 깨달음을 얻고자 하는 선남자 선여인은 이러한 마음을 일으켜야 한다. '나는 일체 중생을 열반에 들게 하리라. 일체 중생을 열반에 들게 하였지만 실제로는 아무도 열반을 얻은 중생이 없다.'
왜냐하면 수보리여! 보살에게 자아가 있다는 관념, 개아가 있다는 관념, 중생이 있다는 관념, 영혼이 있다는 관념이 있다면 보살이 아니기 때문이다.
그것은 수보리여! 가장 높고 바른 깨달음에 나아가는 자라 할 법이 실제로 없는 까닭이다. 수보리여! 그대 생각은 어떠한가? 여래가 연등부처님 처소에서 얻은 가장 높고 바른 깨달음이라 할 법이 있었는가?"

"아닙니다, 세존이시여! 제가 부처님께서 말씀하신 뜻을 이해하기로는 부처님께서 연등부처님 처소에서 얻으신 가장 높고 바른 깨달음이라 할 법이 없습니다."

부처님께서 말씀하셨습니다.

"그렇다, 그렇다. 수보리여! 여래가 가장 높고 바른 깨달음을 얻은 법이 실제로 없다. 수보리여! 여래가 가장 높고 바른 깨달음을 얻은 법이 있었다면 연등부처님께서 내게

'그대는 내세에 석가모니라는 이름의 부처가 될 것이다'라고 수기하지 않았을 것이다.

가장 높고 바른 깨달음을 얻은 법이 실제로 없었으므로 연등부처님께서 내게 '그대는 내세에는 반드시 석가모니라는 이름의 부처가 될 것이다'라고 수기하셨던 것이다. 왜냐하면 여래는 모든 존재의 진실한 모습을 의미하기 때문이다.

어떤 사람이 여래가 가장 높고 바른 깨달음을 얻었다고 말한다면, 수보리여! 여래가 가장 높고 바른 깨달음을 얻은 법이 실제로 없다. 수보리여! 여래가 얻은 가장 높고 바른 깨달음에는 진실도 없고 거짓도 없다. 그러므로 여래는 '일체법이 모두 불법이다'라고 설한다. 수보리여! 일체법이라 말한 것은 일체법이 아닌 까닭에 일체법이라 말한다. 수보리여! 예컨대 사람의 몸이 매우 큰 것과 같다."

수보리가 말하였습니다.

"세존이시여! 여래께서 사람의 몸이 매우 크다는 것은 큰 몸이 아니라고 설하셨으므로 큰 몸이라 말씀하셨습니다."

"수보리여! 보살도 역시 그러하다. '나는 반드시 한량없는 중생을 제도하리라' 말한다면 보살이라 할 수 없다. 왜냐하면 수보리여! 보살이라 할 만한 법이 실제로 없기 때문이다. 그러므로 여래는 모든 법에 자아도 없고, 개아도 없고, 중생도 없고, 영혼도 없다고 설한 것이다.

수보리여! 보살이 '나는 반드시 불국토를 장엄하리라' 말한다면 이는 보살이라 할 수 없다. 왜냐하면 여래는 불국토를 장엄한다는 것은 장엄하는 것이 아니라고 설하였으므로 장엄한다고 말하기 때문이다. 수보리여! 보살이 무아의 법에 통달한다면 여래는 이런 이를 진정한 보살이라 부른다."

【18】一體同觀分　　분별없이 관찰함
일 체 동 관 분

"수보리여! 그대 생각은 어떠한가? 여래에게 육안이 있는가?"

"그렇습니다, 세존이시여! 여래에게는 육안이 있습니다."

"수보리여! 그대 생각은 어떠한가? 여래에게 천안이 있는가?"

"그렇습니다, 세존이시여! 여래에게는 천안이 있습니다."

"수보리여! 그대 생각은 어떠한가? 여래에게 혜안이 있는가?"

"그렇습니다, 세존이시여! 여래에게는 혜안이 있습니다."

"수보리여! 그대 생각은 어떠한가? 여래에게 법안이 있는가?"

"그렇습니다, 세존이시여! 여래에게는 법안이 있습니다."

"수보리여! 그대 생각은 어떠한가? 여래에게 불안이 있는가?"

"그렇습니다, 세존이시여! 여래에게는 불안이 있습니다."

"수보리여! 그대 생각은 어떠한가? 여래는 항하의 모래에 대해서 설하였는가?"

"그렇습니다, 세존이시여! 여래는 이 모래에 대해 설하셨습니다."

"수보리여! 그대 생각은 어떠한가? 한 항하의 모래와 같이 이런 모래만큼의 항하가 있고 이 여러 항하의 모래 수만큼 부처님 세계가 그만큼 있다면 진정 많다고 하겠는가?"

"매우 많습니다, 세존이시여!"

부처님께서 수보리에게 말씀하셨습니다.

"그 국토에 있는 중생의 여러 가지 마음을 여래는 다 안다. 왜냐하면 여래는 여러 가지 마음이 모두 다 마음이 아니라 설하였으므로 마음이라 말하기 때문이다. 그것은 수보리여! 과거의 마음도 얻을 수 없고 현재의 마음도 얻을 수 없고 미래의 마음도 얻을 수 없는 까닭이다."

【19】法界通化分
법 계 통 화 분

복덕 아닌 복덕

"수보리여! 그대 생각은 어떠한가? 어떤 사람이 삼천대천세계에 칠보를 가득 채워 보시한다면 이 사람이 이러한 인연으로 많은 복덕을 얻겠는가?"

"그렇습니다, 세존이시여! 그 사람이 이러한 인연으로

매우 많은 복덕을 얻을 것입니다."

"수보리여! 복덕이 실로 있는 것이라면 여래는 많은 복덕을 얻는다고 말하지 않았을 것이다. 복덕이 없기 때문에 여래는 많은 복덕을 얻는다고 말한 것이다."

【20】離色離相分
이색이상분

모습과 특성의 초월

"수보리여! 그대 생각은 어떠한가? 신체적 특징을 원만하게 갖추었다고 여래라고 볼 수 있겠는가?"

"아닙니다, 세존이시여! 신체적 특징을 원만하게 갖추었다고 여래라고 볼 수는 없습니다. 왜냐하면 여래께서는 원만한 신체를 갖춘다는 것은 원만한 신체를 갖춘 것이 아니라고 설하셨으므로 원만한 신체를 갖춘 것이라고 말씀하셨기 때문입니다."

"수보리여! 그대 생각은 어떠한가? 신체적 특징을 갖추었다고 여래라고 볼 수 있겠는가?"

"아닙니다, 세존이시여! 신체적 특징을 갖추었다고 여래라고 볼 수는 없습니다. 왜냐하면 여래께서는 신체적 특징을 갖춘다는 것이 신체적 특징을 갖춘 것이 아니라고 설하셨으므로 신체적 특징을 갖춘 것이라고 말씀하셨기 때문입니다."

【21】非說所說分 비설소설분 　　설법 아닌 설법

"수보리여! 그대는 여래가 '나는 설한 법이 있다'는 생각을 한다고 말하지 말라. 이런 생각을 하지 말라. 왜냐하면 '여래께서 설하신 법이 있다'고 말한다면, 이 사람은 여래를 비방하는 것이니, 내가 설한 것을 이해하지 못했기 때문이다. 수보리여! 설법이라는 것은 설할 만한 법이 없는 것이므로 설법이라고 말한다."

그때 수보리 장로가 부처님께 여쭈었습니다.

"세존이시여! 미래에 이 법 설하심을 듣고 신심을 낼 중생이 조금이라도 있겠습니까?"

부처님께서 말씀하셨습니다.

"수보리여! 저들은 중생이 아니요 중생이 아닌 것도 아니다. 왜냐하면 수보리여! 중생 중생이라 하는 것은 여래가 중생이 아니라고 설하였으므로 중생이라 말하기 때문이다."

【22】無法可得分 얻을 것이 없는 법
무 법 가 득 분

수보리가 부처님께 여쭈었습니다.

"세존이시여! 부처님께서 가장 높고 바른 깨달음을 얻은 것은 법이 없는 것입니까?"

부처님께서 말씀하셨습니다.

"그렇다, 그렇다. 수보리여! 내가 가장 높고 바른 깨달음에서 조그마한 법조차도 얻을 만한 것이 없었으므로 가장 높고 바른 깨달음이라 말한다."

【23】淨心行善分   관념을 떠난 선행
정심행선분

"또한 수보리여! 이 법은 평등하여 높고 낮은 것이 없으니, 이것을 가장 높고 바른 깨달음이라 말한다. 자아도 없고, 개아도 없고, 중생도 없고, 영혼도 없이 온갖 선법을 닦음으로써 가장 높고 바른 깨달음을 얻게 된다. 수보리여! 선법이라는 것은 선법이 아니라고 여래는 설하였으므로 선법이라 말한다."

【24】福智無比分   경전 수지가 최고의 복덕
복지무비분

"수보리여! 삼천대천세계에 있는 산들의 왕 수미산만큼의 칠보 무더기를 가지고 보시하는 사람이 있다고 하자. 또 이 반야바라밀경의 사구게만이라도 받고 지니고 읽고 외워 다른 사람을 위해 설해 주는 사람이 있다고 하자. 그러면 앞의 복덕은 뒤의 복덕에 비해 백에 하나에도 미치지 못하고 천에 하나 만에 하나 억에 하나에도 미치지 못하며 더 나아가서 어떤 셈이나 비유로도 미치지 못한다."

【25】化無所化分
화무소화분
분별없는 교화

"수보리여! 그대 생각은 어떠한가? 그대들은 여래가 '나는 중생을 제도하리라'는 생각을 한다고 말하지 말라. 수보리여! 이런 생각을 하지 말라. 왜냐하면 여래가 제도한 중생이 실제로 없기 때문이다. 만일 여래가 제도한 중생이 있다면, 여래에게도 자아·개아·중생·영혼이 있다는 집착이 있는 것이다.

수보리여! 자아가 있다는 집착은 자아가 있다는 집착이 아니라고 여래는 설하였다. 그렇지만 범부들이 자아가 있다고 집착한다. 수보리여! 범부라는 것도 여래는 범부가 아니라고 설하였다."

【26】法身非相分
법신비상분
신체적 특징을 떠난 여래

"수보리여! 그대 생각은 어떠한가? 서른두 가지 신체적 특징으로 여래라고 볼 수 있는가?"

수보리가 대답하였습니다.

"그렇습니다, 그렇습니다. 서른두 가지 신체적 특징으로도 여래라고 볼 수 있습니다."

부처님께서 말씀하셨습니다.

"수보리여! 서른두 가지 신체적 특징으로도 여래라고 볼 수 있다면 전륜성왕도 여래겠구나!"

수보리가 부처님께 말씀드렸습니다.

"세존이시여! 제가 부처님께서 말씀하신 뜻을 이해하기로는, 서른두 가지 신체적 특징을 가지고는 여래를 볼 수 없습니다."

그때 세존께서 게송으로 말씀하셨습니다.

"형색으로 나를 보거나 음성으로 나를 찾으면 삿된 길 걸을 뿐 여래 볼 수 없으리."

【27】無斷無滅分
무단무멸분

단절과 소멸의 초월

"수보리여! 그대가 '여래는 신체적 특징을 원만하게 갖추지 않았기 때문에 가장 높고 바른 깨달음을 얻은 것이다'라고 생각한다면, 수보리여! '여래는 신체적 특징을 원만하게 갖추지 않았기 때문에 가장 높고 바른 깨달음을 얻은 것이다'라고 생각하지 말라.

수보리여! 그대가 '가장 높고 바른 깨달음의 마음을 낸 자는 모든 법이 단절되고 소멸되어 버림을 주장한다'고 생각한다면, 이런 생각을 하지 말라. 왜냐하면 가장 높고 바른 깨달음의 마음을 낸 자는 법에 대하여 단절되고 소멸된다는 관념을 말하지 않기 때문이다."

【28】不受不貪分
불수불탐분

탐착 없는 복덕

"수보리여! 보살이 항하의 모래 수만큼 세계에 칠보를 가득 채워 보시한다고 하자. 또 어떤 사람이 모든 법이 무아임을 알아 인욕을 성취한다고 하자. 그러면 이 보살의 공덕은 앞의 보살이 얻은 공덕보다 더 뛰어나다. 수보리여! 모든 보살들은 복덕을 누리지 않기 때문이다."

수보리가 부처님께 여쭈었습니다.

"세존이시여! 어찌하여 보살이 복덕을 누리지 않습니까?"

"수보리여! 보살은 지은 복덕에 탐욕을 내거나 집착하지 않아야 하기 때문에 복덕을 누리지 않는다고 설한 것이다."

【29】威儀寂靜分   오고 감이 없는 여래
위의적정분

"수보리여! 어떤 사람이 '여래는 오기도 하고 가기도 하며 앉기도 하고 눕기도 한다'고 말한다면, 그 사람은 내가 설한 뜻을 이해하지 못한 것이다. 왜냐하면 여래란 오는 것도 없고 가는 것도 없으므로 여래라고 말하기 때문이다."

【30】一合理相分   부분과 전체의 참 모습
일합이상분

"수보리여! 선남자 선여인이 삼천대천세계를 부수어 가는 티끌을 만든다면, 그대 생각은 어떠한가? 이 티끌들이 진정 많겠는가?"

"매우 많습니다, 세존이시여! 왜냐하면 티끌들이 실제로 있는 것이라면 여래께서는 티끌들이라고 말씀하지 않으셨을 것이기 때문입니다. 그것은 여래께서 티끌들은 티끌들이 아니라고 설하셨으므로 티끌들이라고 말씀하신 까닭입니다. 세존이시여! 여래께서 말씀하신 삼천대천세계는 세계가 아니므로 세계라 말씀하십니다. 왜냐하면 세계가 실제로 있는 것이라면 한 덩어리로 뭉쳐진 것이겠지만, 여래께서 한 덩어리로 뭉쳐진 것은 한 덩어리로 뭉쳐진 것이 아니라고 설하셨으므로 한 덩어리로 뭉쳐진 것이라 말씀하셨기 때문입니다."

"수보리여! 한 덩어리로 뭉쳐진 것은 말할 수가 없는 것인데 범부들이 그것을 탐내고 집착할 따름이다."

【31】知見不生分 지견불생분   내지 않아야 할 관념

"수보리여! 어떤 사람이 여래가 '자아가 있다는 견해, 개아가 있다는 견해, 중생이 있다는 견해, 영혼이 있다는 견해를 설했다'고 말한다면, 수보리여! 그대 생각은 어떠한가? 이 사람이 내가 설한 뜻을 알았다 하겠는가?"

"아닙니다, 세존이시여! 그 사람은 여래께서 설한 뜻을 알지 못한 것입니다. 왜냐하면 세존께서는 자아가 있다는 견해, 개아가 있다는 견해, 중생이 있다는 견해, 영혼이 있다는 견해가 자아가 있다는 견해, 개아가 있다는 견해, 중생이 있다는 견해, 영혼이 있다는 견해가 아니라고 설하셨으므로 자아가 있다는 견해, 개아가 있다는 견해, 중생이 있다는 견해, 영혼이 있다는 견해라고 말씀하셨기 때문입니다.

"수보리여! 가장 높고 바른 깨달음을 얻고자 하는 이는 일체법에 대하여 이와 같이 알고, 이와 같이 보며, 이와 같이 믿고 이해하여 법이라는 관념을 내지 않아야 한다. 수보리여! 법이라는 관념은 법이라는 관념이 아니라고 여래는 설하였으므로 법이라는 관념이라 말한다."

【32】應化非眞分   관념을 떠난 교화
　　　　응 화 비 진 분

"수보리여! 어떤 사람이 한량없는 아승기 세계에 칠보를 가득 채워 보시한다고 하자. 또 보살의 마음을 낸 어떤 선남자 선여인이 이 경을 지니되 사구게만이라도 받고 지니고 읽고 외워 다른 사람을 위해 연설해 준다고 하자. 그러면 이 복이 저 복보다 더 뛰어나다.
어떻게 남을 위해 설명해 줄 것인가? 설명해 준다는 관념에 집착하지 말고 흔들림 없이 설명해야 한다.
왜냐하면 일체 모든 유위법은 꿈·허깨비·물거품·그림자·이슬·번개 같으니 이렇게 관찰할지라."

부처님께서 이 경을 다 설하시고 나니, 수보리 장로와 비구·비구니·우바새·우바이와 모든 세상의 천신·인간·아수라들이 부처님의 말씀을 듣고 매우 기뻐하며 믿고 받들어 행하였습니다.

참고 자료

조계종 표준 금강반야바라밀경 / 조계종 출판사

금강경 - 사단법인 올재 / 동봉 역해

금강경 강해 - 통나무 / 도올 김용옥 지음

니까야로 읽는 금강경 - 민족사 / 이중표 역해

금강경 - 한국불교연구원 / 이기영 역해

新 금강경강의 - 불광출판사 / 무비스님

금강경 오가해 - 불광출판부 / 무비 역해

법륜스님의 금강경 강의 - 정토출판 / 법륜 지음

초기불교 이해 - 초기불전연구원 / 각묵 지음

초기불교 입문 - 초기불전연구원 / 각묵 지음

불교 입문 - 민족사 / 이자랑·이필원 지음

外 다수

감수, 교정을 헌신적으로 도움 주신

모모某某 스님과 모모某某 불자님께 큰 감사인사 드립니다.

법공양 안내

부처님께서는 "금강경의 가르침을
항상 읽고 쓰고 배우고 익히면서 실천하고
더불어 다른 사람들에게도
아는 만큼 잘 설명하고 가진 만큼 널리 베푼다면
이 사람은 헤아릴 수 없고 말할 수 없고
끝을 알 수 없고 생각으로는 상상할 수 없는
불가사의한 공덕을 성취할 것임을
이미 다 알고 다 보고 있다"고
하였습니다.

깨달음의 실천 레시피 의역《금강반야바라밀경》을
법공양 올리는 인연 공덕으로
돌아가신 조상님을 비롯한 부모님과 일가친척 등
유주무주의 일체 고혼 애혼 인연 영가들은
극락왕생하시옵고
과거 현재 미래에 인연 짓는 고마운 친구와 이웃들
모두 함께 부처님 되어지이다.

고닐 바라밀회는
불법선양을 위한
의역《금강경》 본문의 **32분 그림**을
상시 전시하고 있습니다.

의역《**금강경**》 법공양과
그림 구입 / 전시에 관한
문의는 아래로 연락 주세요.
032-836-0108

법회 / 강좌 / 신행 상담 / 회원가입
이메일 : iqkfdn@kakao.com
카카오톡 : 108a108
고닐 바라밀회